Trading is simple,

People is complex,

So make it difficult!

交易是简单的事情，只因人的思想太复杂了，

才让它看上去很难！

——韩冬

引子：对中国投资者来说，期权是个新鲜事物。而事实上，期权并不复杂。阅读本书，你将快速学会基本的期权交易，同时也将领会到作者对交易的深刻理解，随着交易理念的形成，交易水平的提高也便水到渠成了。

期权

就这么简单

韩冬◎著

中国纺织出版社

内 容 提 要

期权在发达资本市场是非常实用的风险对冲工具，期权的到来才真正意味着中国资本市场走向成熟，走向国际化。但期权对于中国投资者来说又是一个陌生的概念，有别于以往各种投资品种，对于没有接触过期权的人来说，期权的概念及交易方式很难理解。本书通过各种形象的描述、实际的案例、易于理解的方式，将期权交易的本质呈现出来，让中国投资者很容易找到轻松获利的期权交易方法。

图书在版编目（CIP）数据

期权：就这么简单／韩冬著．—北京：中国纺织出版社，2015. 1 （2015.6重印）

ISBN 978-7-5180-1324-1

Ⅰ．①期⋯ Ⅱ．①韩⋯ Ⅲ．①期权交易—基本知识 Ⅳ．①F830.91

中国版本图书馆 CIP 数据核字（2015）第 001982 号

策划编辑：顾文卓　　责任印制：储志伟

中国纺织出版社出版发行
地址：北京市朝阳区百子湾东里 A407 号楼　邮政编码：100124
销售电话：010—67004422　传真：010—87155801
http: //www.c-textilep.com
E-mail: faxing@c-textilep.com
中国纺织出版社天猫旗舰店
官方微博 http: //weibo.com/2119887771
北京千鹤印刷有限公司印刷　各地新华书店经销
2015 年 1 月第 1 版　　2015年6月第3次印刷
开本：710 × 1000　1/16　印张：13. 5
字数：88 千字　定价：69. 00 元

序

现代的资本市场，无论是有几百年历史的欧美市场还是处于发展阶段的新兴市场，都充满了许多不定因素。这些不定因素造成资本价格的波动，例如有时市场会连续几年稳步上涨，有时市场又可能残酷地在几天时间内把几年的涨幅折半，又有时市场花很长时间在一定区间内拉锯。而我们在资本市场里投资总是希望能够有比较稳健的回报，这就要求我们在不同市场环境下采取不同的交易策略。

当市场只有股票时，我们的投资策略只能体现在选股上；当股指期货诞生后，我们有了高倍杠杆做多或做空的手段，也出现了市场中性的阿尔法策略；期权的诞生会帮助我们创造出一系列新的交易策略，期权价格的变化不仅仅与标的市场变化的方向和幅度相关，而且与时间及市场波动的预期也有紧密关系，而市场的波动率在成熟的市场里被划为一类资产。

期权具有高倍杠杆效应：某只股票的价格是 100 元，我们只需花几元就可以买到它的虚值看涨期权，如果这只股票在短时间内上涨了 10%，那么同一期权价格可能会翻倍，如果这只股票在短时间内上涨了 50%，那么权价格可能会翻 10 倍。

期权是非线性衍生品，具有盈亏不对称的特性：在上面的例子里，当那只股票下跌了 50%，我们最大的损失也只有初始购买期权的那几元钱。

然而世界上没有免费的午餐，如此不对称的盈亏特性是有代价的。假如那只股票在我们买了期权后没有在短时间内出现大幅上涨，那么期权的价格会随时间下降，最终我们手中的期权也会分文不值。我们也可以利用期权时间值衰退的特性来做空期权，当市场没有在短时间内出现大幅波动的情况下获取卖出期权的本金。由此我们看到期权交易的本质是对市场波动性的博弈。期权的时间值就是对未来市场波动的预期，市场波动越大期权的盈亏不对称越明显期权的时间值就越高。

期权产品是成熟资本市场必不可少基本模块之一，特别是在 Black-Scholes 期权理论诞生后的这 40 年里，期权业务得到了高速发展，现在除了在交易所挂牌的标准期权外，场外期权是花样百出，其交易量远远高于场内交易规模，成为非线性结构化产品中的重要支柱。

作者在本书中介绍了期权的交易方法，并结合其多年在资本市场上的实战经验例举了各种实用的交易策略，有些实例纯是期权或期权组合，另外一些实例则是期权与标的资产一起组成。我们可以通过这些实例，而不是复杂的数学模型，逐步掌握期权的各种特性，只有掌握它们的收益和风险特性后，我们才能在不同的市场环境下结合其它工具灵活使用期权来实现我们的交易策略。

Dr. Fred Hao
英国华人金融家协会　副会长

自序 中国金融市场的全新时代——期权

牛市喜悦，熊市忧伤！我们好像很难逃脱这样的历史轮回。总是在市场的一片欢腾中被套在了高点，之后便要经历漫长的熊市忍受市值缩水的痛。

一直以来普通个人投资者都是这个市场的弱者。他们没有机构庞大的资金优势，没有机构专业的投研能力，更没有机构快速的信息获取能力。他们在市场没有股指期货的时代，用自己的热情和勇气追逐市场上的每一个热点。当市场降温，风险来临，由于没有良好的资金管理，没有对市场变化的及时反映，更因为没有有效的金融对冲工具，他们被套了！高位的成本，漫长的熊市，除了漫长的等待解套和砍仓，他们没有更好的选择。

这种情况在股指期货出现之后也没有得到解决。虽然股指期货的出现，意味着这个市场从只能单边做多获利，转变为可以通过做空获取收益、对冲风险。但这对于普通投资者来说似乎意义不大，股指期货的做空对冲风险的功能相对于机构更有优势。股指期货的高门槛，股指跟部分个股的弱相关性，更加凸显了这种对冲的有力武器只掌握在机构手中。普通投资者仍然无法通过股指期货的方式，对冲风险，在低迷下跌的市场当中保护自己的资产不受到伤害。

直到期权的出现，普通投资者面对市场下跌，无法保护自己资产的情况才能发生彻底的转变。期权，第一次让中国的普通投资者拥有了在市场剧烈波动中保护自己的权利。它能帮助投资者抵御市场不可预知的波动风险，它能保护投资者经历市场牛熊的转换。期权，是这个市场提供给普通投资者的一份金融保险，保护投资者在市场中的资产安全。期权，是这个市场提供给普通投资者的一个有利武器，帮助投资者真正的战胜市场，当风险来临，市场剧烈波动时，投资者通过期权对冲的方式就可保护本金的安全，进而追求更加稳定的收益。

期权，将改变整个中国金融市场的交易结构。在没有股指期货的时代，市场的交易策略以配置持股品种、调节持仓比例为主，被动的应对市场的变化。在股指期货出现后，市场的交易策略变得相对灵活，涌现出了各种基于股指期货的对冲交易策略，配置不同品种和比例的股票，同时持有一定比例的股指期货。期权出现后，中国的金融市场将演化出无穷无尽的交易策略——持有不同比例的股票、个股期权、股指期货和股指期权。

如果说没有股指期货的市场是一条直线的一维市场，那么有了股指期货的市场就是由线至面的二维市场。期权的出现，将把中国金融市场推进三维立体的全新时代。

作为一个投资者，如果还在用一维和二维的思想看待市场，那么他将无法看懂中国金融市场进入新三维时代的变化。愿这本书能够成为帮你打开三维金融时代的钥匙。

交易的本质

交易是为了更好地自我实现

很多人来到市场，进行交易。都是将获取高额的收益作为自己的目标。但如果你只将目光盯在获利上，那么你很难从这个市场获取收益。或者说，你很难长期稳定地从这个市场上获得收益。你的目标错了。做交易，需要深入了解市场变化规律、提高交易技术、完善自我修养。将这些作为目标，获得稳定收益只是过程。

交易的三部分

1. 买卖点（技术）
2. 资金管理
3. 心态

很多人学习交易，只是学习交易的技术，事实上以上三个部分结合在一起才是完整的交易。我们通过学习各种各样的技术，了解市场的变化，知道在什么地方买入，在什么位置卖出。资金管理可以帮助我们控制风险，实现资金的稳定盈利，在不同的买入点位和卖出点位，持有不同的仓位比例，降低市场波动对整体资金的风险。但以上两点即使我们都做到了，缺少第三点，我们依然很难在这个市场获取收益。心态是交易重要的组成部分。

目录

001 **第 1 章　为什么要选择期权交易** / 001

1.1　不同的盈亏平衡点 / 002

1.2　无风险利润 / 005

1.3　管理风险 / 007

009 **第 2 章　期权的历史** / 009

2.1　起源 / 010

2.2　古代期权 / 010

2.3　近代期权 / 012

2.4　现代期权 / 014

2.5　关于中国期权起源的思考 / 016

2.6　期权对中国的影响 / 017

019 **第 3 章　期权的基本概念** / 019

3.1　期权是什么 / 020

3.2　期权的本质 / 021

3.3　期权的保险功能 / 022

3.4　期权定义和分类 / 023

3.4.1　期权的定义 / 023

3.4.2　期权的分类 / 024

3.5　期权买卖双方的权利和义务 / 028

3.6　期权的要素 / 029

3.7 期权合约代码的要素 / 029
3.8 沪深 300 期货和股指期权之比较 / 030
3.9 期权新行权价合约的生成 / 031
3.10 期权价值的构成 / 035
3.11 期权的定价 / 037
3.11.1 看对做对不赚钱 / 038
3.11.2 看错做错赚钱 / 039
3.12 期权价格的影响因素 / 039
3.13 期权的风险管理 / 041
3.14 期权的行权 / 043
3.14.1 现金结算：以股指期权为例 / 043
3.14.2 实物结算：以个股期权为例 / 044

047 第 4 章 期权的基本交易 / 047
4.1 手势区分如何交易期权 / 050
4.2 期权的四个基本交易图形 / 051
4.3 交易期权的三大要素 / 054
4.4 期权四个基本交易在软件中的操作 / 055
4.5 期权基本组合策略的交易图形 / 060
4.5.1 买入跨式 / 062
4.5.2 买入宽跨式 / 063
4.5.3 卖出跨式 / 066
4.5.4 卖出宽跨式 / 068
4.5.5 牛市价差 / 071
4.5.6 熊市价差 / 073
4.5.7 鹰式策略和蝶式策略在交易中的操作 / 076
4.6 期权的保险功能 / 078
4.7 期权保护策略的应用 / 080

083 第 5 章 期权 & 易经 / 083

087 第 6 章 期权的实战应用 / 087

6.1 交易的逻辑 / 088
6.2 交易理论 / 090
6.3 对投资的理解 / 092
6.4 期权四个基本交易策略应用 / 094
6.4.1 Buy Call（买入看涨期权、买入认购期权） / 095
6.4.2 Buy Put（买入看跌期权、买入认沽期权） / 098
6.4.3 Sell Call（卖出看涨期权、卖出认购期权） / 100
6.4.4 Sell Put（卖出看跌期权、卖出认沽期权） / 102
6.5 当月合约不同时期交易策略应用 / 105
6.6 当月合约实盘案例及分析应用 / 107
6.6.1 IO1409 合约 / 108
6.6.2 IO1410 合约 / 121
6.6.3 IO1411 合约 / 134
6.7 期权合约的转仓交易 / 159
6.7.1 四个基本期权交易的转仓操作 / 160
6.7.2 转仓操作在临近到期，高杠杆交易当中的应用 / 160
6.8 各种策略组合的实战应用 / 164
6.8.1 价差策略无风险利润交易机会 / 164
6.8.2 价差策略组合的适用 / 168
6.8.3 跨式策略组合的适用 / 170

175 **第 7 章 个股期权不同之处的交易方法** / 175

7.1 降低买入股票的成本 / 178

7.2 裸卖空 Call（认购期权）是个股期权面临的最大风险 / 178

179 **第 8 章 期权交易的三种境界** / 179

8.1 交易前的定位 / 180

8.2 期权的获利方法 / 181

8.3 期权交易的三种境界 / 181

8.3.1 期权交易第一层境界 / 181

8.3.2 期权交易第二层境界 / 183

8.3.3 期权交易第三层境界 / 184

185 **第 9 章 期权交易的一些思考** / 185

187 **第 10 章 期权系数详解** / 187

10.1 Delta 系数（Δ）/ 188

10.2 Gamma 系数（γ）/ 189

10.3 Theta 系数（θ）/ 191

10.4 Vega 系数（ν）/ 192

10.5 波动率（Volatility）/ 193

附录 期权词汇中英文对照 / 195

第 1 章

为什么要选择期权交易

1.1 不同的盈亏平衡点

期权与股票、期货相比有着完全不同的盈亏平衡点。股票和期货，在我们开仓的那一刻起，开仓价位既是我们的成本价，也是我们的盈亏平衡点，市场从成本价开始上下波动，我们的账面也开始有了实际的盈利或亏损。期权则完全不同，期权的盈亏平衡点，由期权合约的行权价、内涵价值、时间价值等决定。从开仓那一刻开始，合约到期行权的盈亏平衡点就被计算出来，但它与成交那一刻的标的资产价格会有很大的偏差。期权成交那一刻的盈亏平衡点并不是其标的资产当时的价格。

以 50ETF 为例，如果我们买入时价格为 1.6 元，那么 1.6 元的价格就是我们的盈亏平衡点，未来的价格在 1.6 以上盈利，未来的价格在 1.6 以下亏损。如图 1–1 所示。

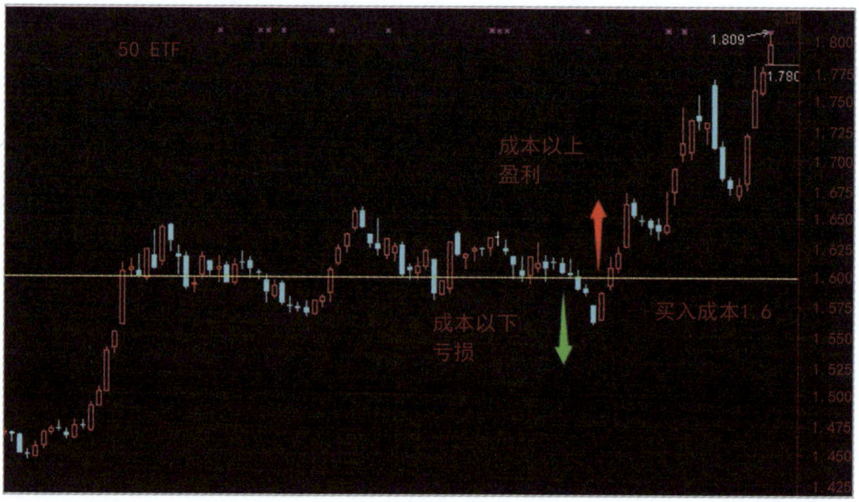

图 1–1　50ETF 的买入盈亏平衡

以股指期货 1412 合约为例，如果我们在合约价格是 2450 时买入开仓，那么 2450 点就是我们的盈亏平衡点，未来价格在 2450 以上盈利，未来价格在 2450 以下亏损。如图 1–2 所示。

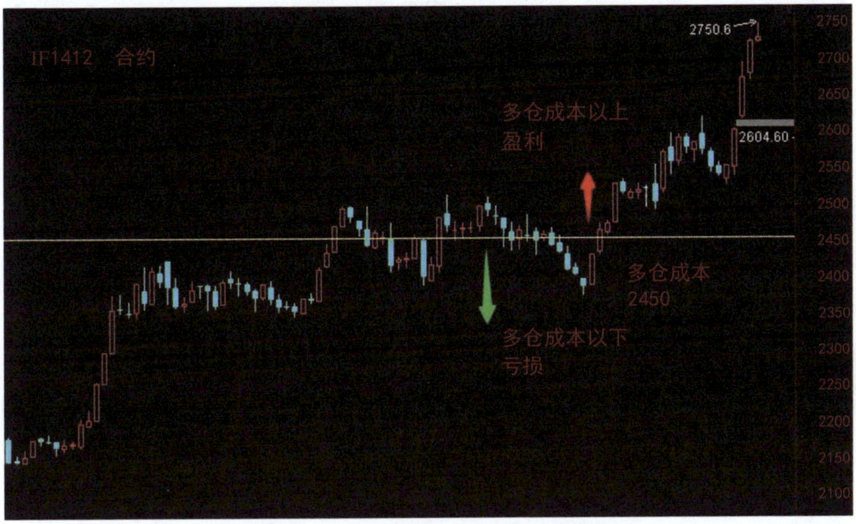

图 1–2 股指期货的盈亏平衡

以 IO1412 合约为例，我们就能看出开仓时标的资产价格和期权合约盈亏平衡点的差别。如图 1–3、1–4 所示。

		分析	行权价	合约别	手数	持仓	价格条件	价格	买/卖	有效期	隐波率	Delta	Gamma	Th
删		☑	2700	看涨期权	1		限价	96.1	买	ROD	32.36%	0.1783	0.0006	-1.

图 1–3 买入一手行权价为 2700 的 Call

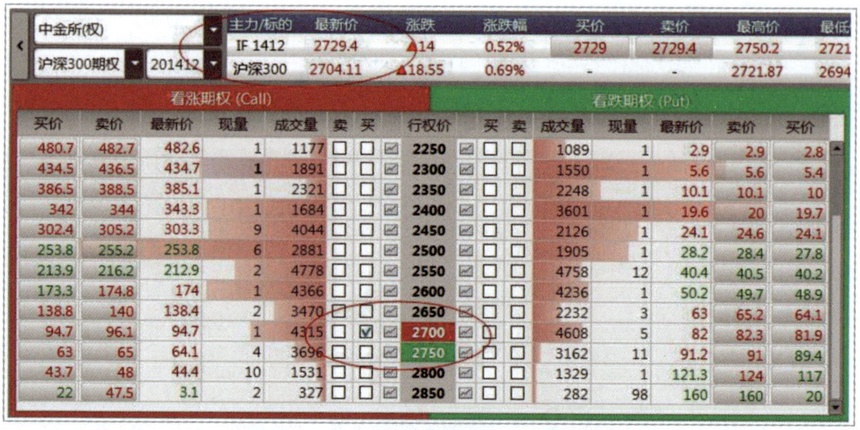

中金所(权)	主力/标的	最新价	涨跌	涨跌幅	买价	卖价	最高价	最低
沪深300期权 201412	IF 1412	2729.4	▲14	0.52%	2729	2729.4	2750.2	2721
	沪深300	2704.11	▲18.55	0.69%	-	-	2721.87	2694

看涨期权 (Call)														看跌期权 (Put)
买价	卖价	最新价	现量	成交量	卖	买	行权价	买	卖	成交量	现量	最新价	卖价	买价
480.7	482.7	482.6	1	1177	☐	☐	2250	☐	☐	1089	1	2.9	2.9	2.8
434.5	436.5	434.7	1	1891	☐	☐	2300	☐	☐	1550	1	5.6	5.6	5.4
386.5	388.5	385.1	1	2321	☐	☐	2350	☐	☐	2248	1	10.1	10.1	10
342	344	343.3	1	1684	☐	☐	2400	☐	☐	3601	1	19.6	20	19.7
302.4	305.2	303.3	9	4044	☐	☐	2450	☐	☐	2126	1	24.1	24.6	24.1
253.8	255.2	253.8	6	2881	☐	☐	2500	☐	☐	1905	1	28.2	28.4	27.8
213.9	216.2	212.9	2	4778	☐	☐	2550	☐	☐	4758	12	40.4	40.5	40.2
173.3	174.8	174	1	4366	☐	☐	2600	☐	☐	4236	1	50.2	49.7	48.9
138.8	140	138.4	2	3470	☐	☐	2650	☐	☐	2232	3	63	65.2	64.1
94.7	96.1	94.7	1	4315	☐	☑	2700	☐	☐	4608	5	82	82.3	81.9
63	65	64.1	4	3696	☐	☐	2750	☐	☐	3162	11	91.2	91	89.4
43.7	48	44.4	10	1531	☐	☐	2800	☐	☐	1329	1	121.3	124	117
22	47.5	3.1	2	327	☐	☐	2850	☐	☐	282	98	160	160	20

图 1-4　交易软件中的操作页面

以上合约，如果我们选择买入行权价格为 2700 的 Call（看涨期权），该合约当时的报价是 96.1 点，股指期货 IF1412 合约当时的报价是 2729.4 点，沪深 300 股指当时的报价是 2704.11 点，那么我们的盈亏平衡点以及收益曲线如图 1-5 所示。

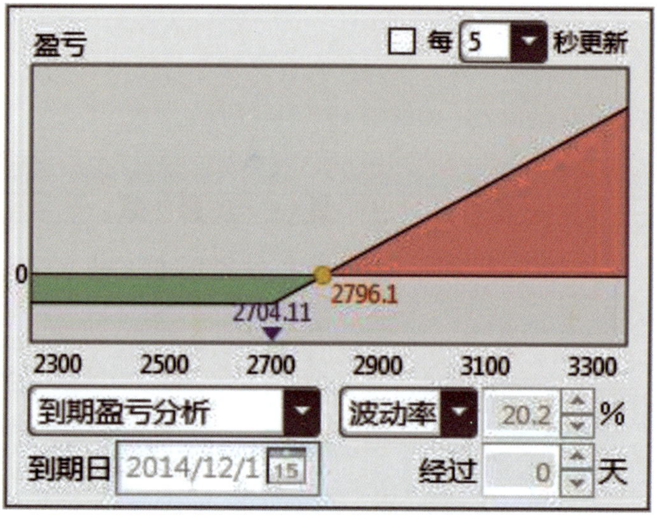

图 1-5　收益曲线和盈亏平衡点

从图 1-5 我们可以看出，买入 IO1412 2700C 合约的盈亏平衡点为 2796.1 点。既不是当时沪深 300 指数的 2704.11 点，也不是当时股指期货 IF1412 合约的 2729.4 点。

1.2 无风险利润

期权市场能够给我们提供很多无风险获利的交易机会，这是股票市场和期货市场所不能比拟的。

股票，我们买入股票的价格就是股票仓位的盈亏平衡点，从买入那一刻起，市场的波动就影响着我们所持有的仓位，盈利或亏损。仅在股票交易层面，我们几乎没有无风险获利的机会。

期货，相比股票有了更多获取低风险获利的交易机会。以股指期货为例，我们可以通过同时持有股票仓位和股指期货仓位来实现期现套利。其他套利方法还有：同一品种不同合约间的套利机会，不同品种同一月份合约，或者不同品种不同月份合约间的套利机会。这些套利方法虽然可以实现低风险的盈利，但不是完全无风险的。

期权，相比其他品种天生就具备了无风险利润的土壤。不同的投资者对市场的看法不同，对期权定价的方式不同，期权交易本身就存在报价的偏差。通过这种报价的偏差，我们可以通过期权组合策略、期权期货组合策略、期权现货组合策略等各种方式，锁定利润获取无风险收益。这种“零”风险的交易策略，只有在期权市场上才得以实现。而市场的不断波动又为这种方式提供了更多的交易机会。

举个简单的例子，期权同一月份合约不同行权价间出现报价偏差时，我们就有了获取无风险利润的交易机会。如图 1–6 所示。

行权价	合约别	手数	持仓	价格条件	价格	买/卖	有效期	隐波率	Delta	Gamma	Theta	Vega
2250	看跌期权	1		限价	2.3	买	ROD	40.14%	-0.0098	0.0001	-0.3818	0.4666
2200	看跌期权	1		限价	3.4	卖	ROD	42.40%	0.0076	-0.0001	0.3253	-0.3755

图 1–6 无风险获利操作

图中，当股指期权 1412 合约 2200 和 2250 两个行权价的合约报价出现时，我们就做这样的一个无风险获利的操作：卖出低行权价位的 Put（看跌期权），同时买入高行权价位的 Put（看跌期权）。

收益曲线如图 1–7，这个操作最低的收益为 110，最高收益为 5110，是一种 100% 获利的状态。

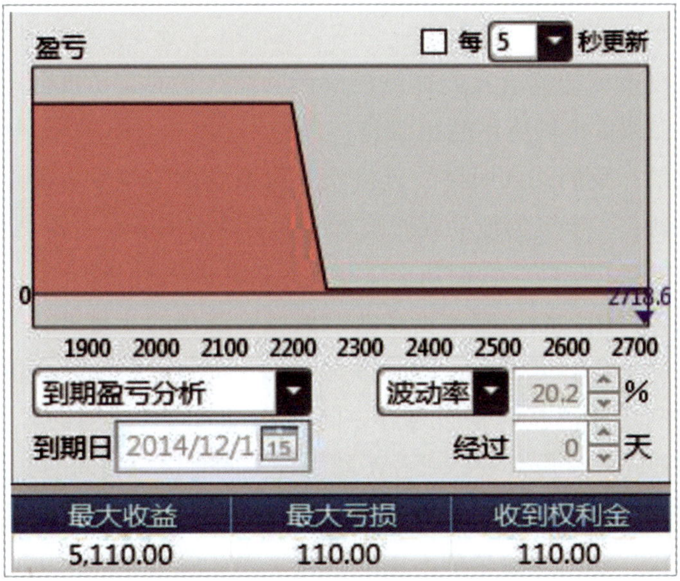

图 1–7 无风险利润收益曲线

这种无风险获利的交易公式可以总结如下：

前提：同一月份期权合约

Call（看涨期权）部分

低行权价的 Call（看涨期权）的报价＜高行权价的 Call（看涨期权）的报价

操作：买入低行权价的 Call（看涨期权）

卖出高行权价的 Call（看涨期权）

Put（看跌期权）部分

低行权价的 Put（看跌期权）的报价＞高行权价的 Put（看跌期

权）的报价

操作：卖出低行权价的 Put（看跌期权）

买入高行权价的 Put（看跌期权）

除了同一月份期权合约不同行权价合约之间出现报价偏差带来的无风险利润交易机会，通过期权期货的组合、期权现货的组合、期权 + 期货 + 现货的组合策略，我们也可以获取无风险利润，这样的操作我们在之后的内容里都会讲到。

1.3 管理风险

期权可以帮助我们实现风险管理的多样化需求。期权可以改变我们持有的股票或期货仓位的资金收益曲线，调整收益曲线的斜率，放大或缩小风险敞口。

在没有期权的情况下，通常我们控制股票或期货持仓的风险，多是通过资金管理，仓位控制，以及设置不同仓位的止盈止损来进行的。而有了期权以后，我们可以通过期权的组合，锁定风险，锁定利润，调节持仓周期等方式来实现风险管理。这将使我们的持仓及风险管理更具灵活性，资金的使用效率也更高，资产的波动也更加平缓。

第2章

Option

期权的历史

这一章主要讲述期权的起源及历史。如果你只是对期权的交易方法感兴趣，可以跳过这一章，本章可以作为茶余饭后、休闲娱乐时的营养补充。

2.1 起源

规避风险的需求最终导致了期权的产生。纵观期权发展历程，我们可以将期权的发展分为三个阶段：古代期权、近代期权、现代期权。

古代期权：以圣经故事，橄榄压榨机故事为代表

近代期权：以郁金香事件为代表

现代期权：以 1973 年芝加哥期权交易所成立为代表

2.2 古代期权

期权交易的第一次记录是《圣经·创世纪》中的一个合同制的协议。在《圣经·创世记》第 29 章提到，大约在公元前 1700 年，雅克布用 7 年的劳动购买了一个准许他与拉班的女儿拉结结婚的期权。但是后来，拉班违约了这个协议，他强迫雅克布与自己的大女儿利亚结了婚。雅克布照办了，但他深爱的仍然是拉结。于是，他购买了另一个期权，即再劳动 7 年以换得与拉结结婚。这一次拉班没有食言。最后，雅克布娶了 2 个老婆，有了 12 个孩子。

图 2-1 《圣经》中的雅各布

在亚里士多德的《政治学》一书中，也记载了古希腊哲学家数学家泰利斯利用天文知识，预测来年春季的橄榄收成，然后再以极低的价格取得西奥斯和米拉特斯地区橄榄榨汁机的使用权的情形：

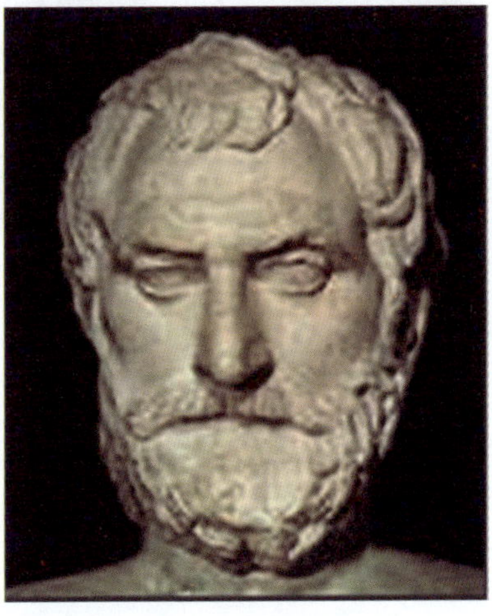

图 2-2 泰利斯

古希腊的数学家和哲学家泰利斯在橄榄丰收之前利用期权获得了低价使用橄榄压榨机的权利。据说，他是第一个利用期权交易致富的人。泰利斯生活在公元前 580 年左右古希腊的米利塔斯市，位于今天土耳其的西南海岸。泰利斯首先运用自己的天文知识在冬季就预测到橄榄在来年春天将获得丰收。

> 这个故事给我们一些启发，作为一个交易者，或许只研究交易技术并不能在交易上带来很大的提升，我们应该学习的是哲学。

他虽然没有什么钱，然而他用自己所有的积蓄在冬季淡季就以低价取得了西奥斯岛和米拉特斯春季旺季所有压榨机的使用权。他支付的价格很低，是因为当时没有人认为有必要为了这些压榨机来竞价。当春天橄榄获得大丰收时，每个人都想找到压榨机。这时，泰利斯执行他的权利，将压榨机以高价出租，结果赚了一大笔钱。最终，他向世界证明只要哲学家愿意，他们都可以很容易地成为富人。

2.3 近代期权

图 2-3 郁金香事件

17 世纪 30 年代，阿姆斯特丹发生了郁金香事件。郁金香从土耳其被引入西欧，当时量少价高，被上层阶级视为财富与荣耀的象征。投机商看中其中的商机，开始囤积郁金香球茎，并推动价格上涨。美丽的郁金香及郁金香花球被冠以高价。种植者采用买入看跌期权和卖出期货的办法以保证他们能以较好的价格卖出郁金香花球；分销商则通过买入看涨期权和期货的方式来保护他们避免受到价格上涨带来的损失。销售商购买看涨期权以保证当有需求的时候他们能够以一个合理的价格收购郁金香。

图 2-4 郁金香事件

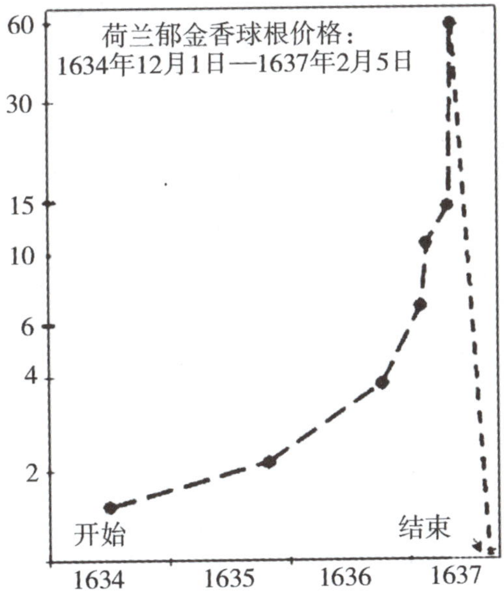

图 2-5 历史上郁金香价格走势

随着郁金香价格的盘旋上涨，荷兰上至王公贵族，下到平民百姓，都开始变卖他们的全部财产用于炒作郁金香和郁金香球茎。1637 年，郁金香的价格已经涨到了骇人听闻的水平。与上一年相比，郁金香总涨幅高达 5900%！1637 年 2 月，一株名为“永远的奥古斯都”的郁金香售价更高达 6700 荷兰盾，这笔钱足以买下阿姆斯特丹运河边的一幢豪宅，而当时荷兰人的平均年收入只有 150 荷兰盾。随后荷兰经济开始衰退，郁金香市场也在1637年2月4日突然崩溃。一夜之间，郁金香球茎的价格一泻千里。

许多出售看跌期权的投机者没有能力为他们要买的球茎付款，虽然荷兰政府发出紧急声明，认为郁金香球茎价格无理由下跌，劝告市民停止抛售，但这些努力都毫无用处。一个星期后，郁金香的价格已平均下跌了90%。大量合约的破产又进一步加剧了经济的衰退。绝望之中，人们纷纷涌向法院，希望能够借助法律的力量挽回损失。但在1637年4月，荷兰政府决定终止所有合同，禁止投机式的郁金香交易，从而彻底击破了这次历史上空前的经济泡沫。毫无疑问，这样的事情损害了期权在人们心目中的形象，甚至到100多年后，伦敦期权交易也依然被认为不合法。

2.4 现代期权

从1968年起，商品期货市场的交易量低迷，迫使芝加哥期货交易所（CBOT）讨论扩展其他业务的可能性，在投入大量研发费用并历经5年之后，全世界第一个期权交易所——芝加哥期权交易所（CBOE）终于在1973年4月26日成立。这标志着真正有组织的期权交易时代的开始。CBOE的第一任总裁约瑟夫·W.索利凡（Joseph W. Sullivan）认为，与传统的店头交易市场相比，期货交易的公开喊价方式更具效率性。其中，期权合约的标准化为投资者进行期权交易提供了最大的方便，也极大地促进了二级市场的发展。同时期权清算公司的成立也为期权的交易和执行提供了更为便利和可靠的履约保障。

同年，芝加哥大学的两位教授费舍尔·布莱克（Fisher Black）和迈伦·斯科尔斯（Myron Scholes）发表了《期权定价与公司负债》的论文，该论文推算出了任何已知期限的金融工具的理论价格，使期权定价难题迎刃而解。

在最初阶段，CBOE的规模非常小，只有16只标的股票的看涨期权。交易的第一天，成交合约911手。然而到了第一个月底，CBOE的日交易量已经超过了场外交易市场。1977年6月3日，CBOE开始了看跌期权的交易。然而4个月后，SEC（美国证券交易委员会）宣布暂停所有交易所新的期权合约的上市，场内期权市场迅猛发展的势头戛然而止。不过，这并没有减缓已上市期权交易量的增长（关于1977年的“期权之战”，我们将会在下面单独列出）。3年后，SEC取消暂停令，CBOE随即增加了25种可进行期权交易的股票。目前，CBOE挂牌交易的有1896种股票期权，28种指数期权，96种ETF期权和4种利率期权。

与股票期权不同的是，商品期权在19世纪就已经开始在交易所交易。例如CBOT在1870年推出的“Indemnity for Purchase or Sale”实际上是一种短期（只存在两个交易日）期权。但是由于早期的期权交易存在着大量的欺诈和市场操纵行为，美国国会为保护农民利益，于1921年宣布禁止交易所内的农产品期权交易。1936年美国又禁止期货期权交易，之后世界其他国家和地区期权、期货和各种衍生品都相继被禁止交易。直到1984年，美国国会才重新允许农产品期权在交易所进行交易。在随后的一段时期内，美国中美洲商品交易所，堪萨斯期货交易所和明尼阿波利斯谷物交易所推出了谷物期权交易，随后CBOT也推出了农产品期权合约。欧洲的商品期权则来得比较晚，伦敦国际金融期货交易所直到1988年才开始进行欧洲小麦期权交易。除农产品之外，能源和金属期权也是很重要的交易品种。纽约商品交易所（NYMEX）是全球能源期权最大的交易市场，伦敦金属交易所（LME）则是全球最大的有色金属期货期权交易中心。

2.5 关于中国期权起源的思考

期权，其实是份预期的权利，目前我们所看到的关于期权的书籍和介绍都来自西方，讲述的是《圣经》以及古希腊的故事，那么我们中国古代就没有类似的期权萌芽吗？我个人认为，军令状可以理解为中国的古代期权。

中国古典期权：军令状

中国古代将领会遇到一种情况，由于某些原因不能参与到新的战斗当中，为了表达忠心，希望获得参与战斗的权利，他们会向上级或者帝王缔下军令状。如果战斗胜利，会得到丰厚的奖赏甚至官阶的提升；如果战斗失利，将会面临被砍掉首级的严重后果。

我们可以从《三国演义》中关羽和马谡的故事，来理解期权的概 念在中国古代的另一种历史呈现。

《三国演义》中关羽、马谡都和诸葛亮立过军令状。但是他们的结果却完全不同。

马谡，是蜀国的参军，自幼熟读兵书，司马懿引兵进犯，他自告奋勇镇守汉中咽喉——街亭，并且在出发前“立军令状”。结果因为自高自大，骄傲轻敌，拒绝副手王平于当道筑土城的劝谏，被司马父子趁机断了汲水之道，乘虚而入，街亭失守，蜀国因此丢掉了一个重要战略枢纽，变得十分被动。面对狼狈逃回的马谡，诸葛亮虽然很爱才，却终究以一声“若不明正军律，何以服众”的长叹，以一句“昔孙武所以能制胜于天下者，用法明也，今四方纷争，兵戈方始，若复废法，何以讨贼”的感怀，挥泪斩了颇有军功的爱将马谡。

关羽，在华容道上义释曹操。赤壁一战，诸葛亮又祭风又纵火，杀得曹阿瞒如丧家犬落荒而逃，还算准他必走华容道，关羽自告奋勇，愿横刀立马于华容道。诸葛亮怕他念旧情（曹操昔日对关羽有恩义），"'倘若放了时，却如何？'云长曰：'愿依军法！'孔明曰：'如此，立下文书。'云长便与了军令状。"结果终因义胆柔肠，放了表面扯旧实则求饶、瘟鸡般哆嗦成一团的曹操。空手回来，孔明"有军令状在此，不得不按军法"，要将他推出斩首，玄德曰："'昔吾三人结义时，誓同生死，今云长虽犯法，不忍违却前盟，望权记过，容将功赎罪。'孔明方才饶了。"

期权的一个核心理念是选择权，即可以选择行权，也可以选择不行权。通过以上两个故事，我们可以理解为以下几点：

立军令状：卖出一个权力（上级有权砍掉我的首级）

结果：诸葛亮的选择

关羽：不行权

马谡：行权

从期权的交易逻辑上期权的买方，行权与不行权需要考虑的是哪种方式对自己有利。关羽没有被诸葛亮行权，是因为只有放走曹操才能形成三国鼎立的局面，蜀国能够发展壮大，斩关羽对诸葛亮来说反倒是更大损失。马谡却不同，街亭为蜀国战略要地，失去街亭让蜀国蒙受了巨大的损失，因此诸葛亮不得不选择行权。

2.6 期权对中国的影响

期权的出现将彻底改变中国资本市场的交易结构，中国的资本市场也将更加成熟。以中国股票市场为例，在出现股指期货之前，传统的交易模式都是以做多股票，高抛低吸为主的。这样的市场，机构与普通投资者之间交易机会、交易成本是不对等的。股指期货出现之后，市场出现了以股票和股指期货相结合的方式获取收益的机构。这时市场原有的均衡就被以股指期货为工具的机构所打破，新的机构在挤压原有模式机构的获利空间。期权的推出，将会产生更多的通过期权、期货、股票相结合的方式，控制风险、获取收益的机构。这些新的机构将再次打破市场原有模式的平衡，再次挤压现有模式机构的获利空间。

第3章

Option

期权的基本概念

这一章将详细讲述期权的基本概念，如果要学好期权交易，本章需要反复研究，只有深刻理解期权的本质，才能做好期权交易。

3.1 期权是什么

期权是什么？

期权 = 权力

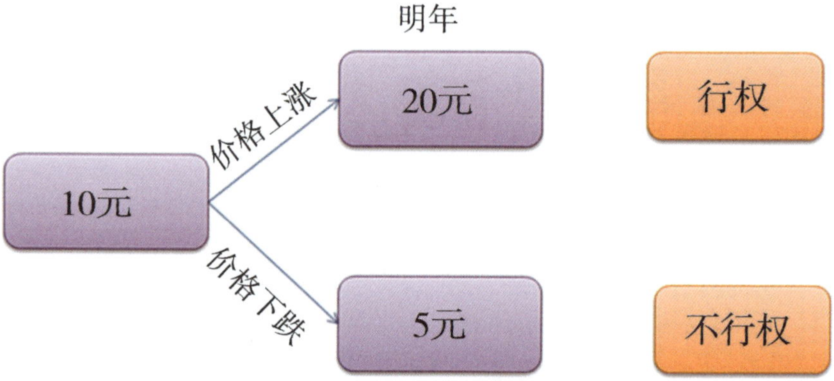

图 3-1 期权是否行权的选择

期权是什么？期权其实是一份选择的权利，这份权利你可以选择行使也可以选择不行使。

如图 3-1，假设目前市场上一个水杯售价 10 元，我认为明年水杯的价格会上涨，明年我可能不会在市场上以 10 元的价格再买到这个水杯，但是我又不想先购入几个水杯囤在家里，因为如果明年的水杯价格下跌了，我将有一笔亏损。那么我可以先选择以 0.01 元的价格购买一个以 10 元的价格买入这个杯子的权利。

到了明年，如果水杯的市场价格上涨，变成 20 元一个水杯，我可以选择行使这个权利，以 10 元的价格购入水杯，再以 20 元的市场价格卖出，我的成本只有 0.01 元，我的差价收益却是 10 元。

如果明年的水杯价格下跌了，变成 5 元一个水杯，我可以选择不行使以 10 元购入水杯的权利，直接以市场价购入 5 元的水杯。我的亏损只有 0.01 元，而不是 10 元与 5 元的价差。

3.2 期权的本质

期权的本质

期权 = 金融保险

在很多期权的教材上我们可以看到以下的描述：

期权的功能应用

期权提供简便易行的**“保险”**功能，使投资者在管理风险时不放弃获得收益的机会

期权能够有效度量和管理市场波动的风险

期权是一种更为精细的风险管理工具

期权是推动市场创新更为灵活的基础性构件

以上的描述，虽然介绍期权的功能有很多，但是我们最需要记住的是期权具有金融保险的功能。

3.3 期权的保险功能

我们把期权和保险进行以下对比，就能够对期权更进一步的了解。这将有助于我们在做期权交易时，了解我们期权持仓的性质和风险。

保险

买保险　花钱　发生风险被赔付

卖保险　收钱　发生风险赔付

期权

买期权　花钱　发生风险被保护

卖期权　收钱　发生风险支付风险

从以上的对比我们可以发现期权和保险的相似性。我们投资者如果从保险的角度来理解期权，对期权的性质会更好理解。

例如，我们为自己的车买了一份车险，当发生风险出现事故，我们给保险公司打电话，就可以得到赔付。当然我们有选择的权利，也可以选择不给保险公司打电话，我们的损失就得不到赔付。作为保险公司，虽然收取了保费，一旦买保险的人发生风险，就必须进行赔付。

期权也是如此，我们买一份期权，支付权利金来保护我们持有的仓位，当风险发生时，我们仓位的亏损就会被保护。但是作为期权的卖方，卖出期权，收取了权利金，当市场发生风险时就要为买方支付风险。

例如：

IF1404 2200点

2200点做多1手股指期货

买行权价为2200点的PUT——20元钱

市场下跌

IF1404到期跌至2100点

没有买期权的情况下　亏损100点——3万元钱

买期权后 亏损为0　只是付出了20元钱的期权费用

3万元钱的亏损由 卖出期权的人承担

通过上面的例子，我们可以看出，买入期权首先可以起到控制现有仓位风险的作用。那么如果要控制持有仓位的风险，应该买入什么样的期权呢？下面的公式将帮助我们很好的记忆保护现有仓位和买入期权的关系。

- 保护：持仓和买入期权的关系是（+，-）
- 持仓做多　买PUT（看跌期权）
- 持仓做空　买CALL（看涨期权）

3.4 期权定义和分类

3.4.1 期权的定义

对于期权目前有以下几种描述：

期权（Option）是一种递延交割的定型契约，指契约“买方”付出权利金（Premium）后，享有在特定期间内向契约“卖方”依履约价格（Exercise Price）买入或卖出一定数量的标的物（Underlying

Assets）的权利。

期权又称为选择权，是在期货的基础上产生的一种衍生性金融工具。指在未来一定时期可以买卖的权利，是买方向卖方支付一定数量的金额（指权利金）后拥有的在未来一段时间内（指美式期权）或未来某一特定日期（指欧式期权）以事先规定好的价格（指履约价格）向卖方购买或出售一定数量的特定标的物的权利，但不负有必须买进或卖出的义务。

从其本质上讲，期权实质上是在金融领域中将权利和义务分开进行定价，使得权利的受让人在规定时间内对于是否进行交易，行使其权利，而义务方必须履行。在期权的交易时，购买期权的一方称作买方，而出售期权的一方则叫做卖方；买方即是权利的受让人，而卖方则是必须履行买方行使权利的义务人。

在国内，对于 Call 和 Put 有不同的翻译：

Call Option：买进标的物的权利

被称为：看涨期权、认购期权

Put Option：卖出标的物的权利

被称为：看跌期权、认股期权

但笔者个人认为从译文的名称并没有直观清晰地让普通投资者理解期权的含义。如果将 Call 译为买权，Put 译为卖权，普通投资者会更好理解自己持有期权的仓位——“合约到期我在这个价位拥有买入或卖出的权利”。

3.4.2 期权的分类

期权交易方式、方向、标的物等因素的不同，产生了众多的期权品种，我们把这个品种进行分类，有助于对期权有全面的了解。

按权利划分：

Call：买进标的物的权利

Put：卖出标的物的权利

按标的资产划分：

股票期权、股指期权、外汇期权、利率期权、商品期权等

按到期日划分：

欧式期权：合约到期才能行权。

美式期权：合约到期前任一日皆可行权。

其他期权：实务上不常用，包含百慕大期权、亚式期权、彩虹期权等多种期权。

欧式期权和美式期权的区别：

美式期权合约在到期日前的任何时候或在到期日都可行权，结算日是在到期日之后的一天或两天，大多数的美式期权合约允许持有者在交易日到到期日之间随时行权，但也有一些合约规定一段比较短的时间可以行权，例如，到期日前两周才可行权。

欧式期权合约要求持有者只能在到期日进行行权，结算日是行权后的一天或两天。

欧式期权和美式期权相比，欧式期权本少利大，但在获利的时间上不具灵活性；美式期权虽然灵活，但付费十分昂贵。因此，国际上大部分的期权交易都是欧式期权。

按行权价格划分：

平值期权（At-The-Money）：标的物价格与行权价相同。

实值期权（In-The-Money）：标的物价格与行权价存在行权利润。

Call：行权价＜当时标的物的价格

Put：行权价＞当时标的物的价格

虚值期权（Out-of-The-Money）：标的物价格与行权价没有行权利润。

Call：行权价＞当时标的物的价格

Put：行权价＜当时标的物的价格

理解欧式、美式期权及平值、实值、虚值期权，是本章的重点，也是我们交易期权需要重点考虑的内容。

我们还是以之前水杯的例子来理解平值、实值、虚值期权的含义。一个水杯目前市场价格为 10 元：

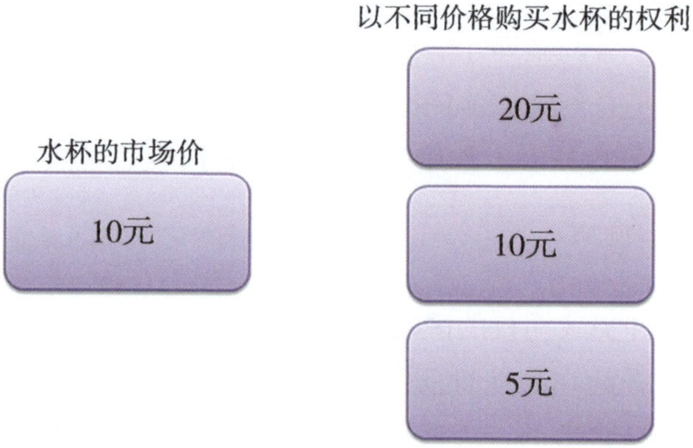

图 3-2　买权如何区分实值、平值、虚值期权

Call（看涨期权、认购期权、买权）：

花 5 元以低于市场价购买水杯的权利——实值期权

花 10 元以平于市场价购买水杯的权利——平值期权

花 20 元以高于市场价购买水杯的权利——虚值期权

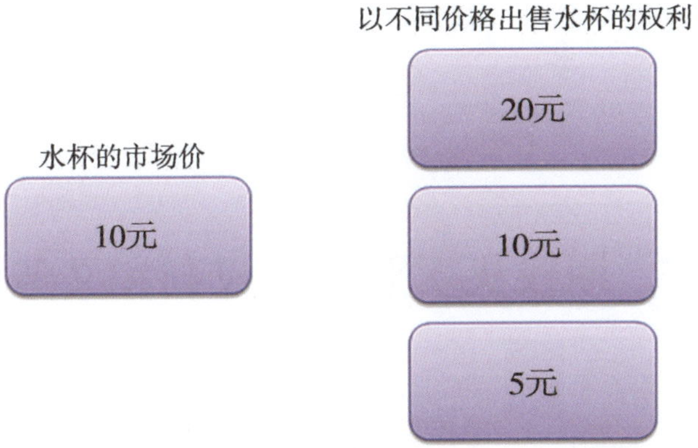

图 3-3 卖权如何区分实值、平值、虚值期权

Put（看跌期权、认沽期权、卖权）：

花 20 元以高于市场价出售水杯的权利——实值期权

花 10 元以平于市场价出售水杯的权利——平值期权

花 5 元以低于市场价出售水杯的权利——虚值期权

过去在电脑软件还不发达的时候，我们只能通过报价和对市场的理解来判断和计算我们仓位的风险，以及持有的仓位是平值期权、虚值期权还是实值期权。如今，交易软件越来越先进，使用越来越方便，例如图 3-4，我们可以很直观地知道我们的仓位是处在哪一种期权当中。

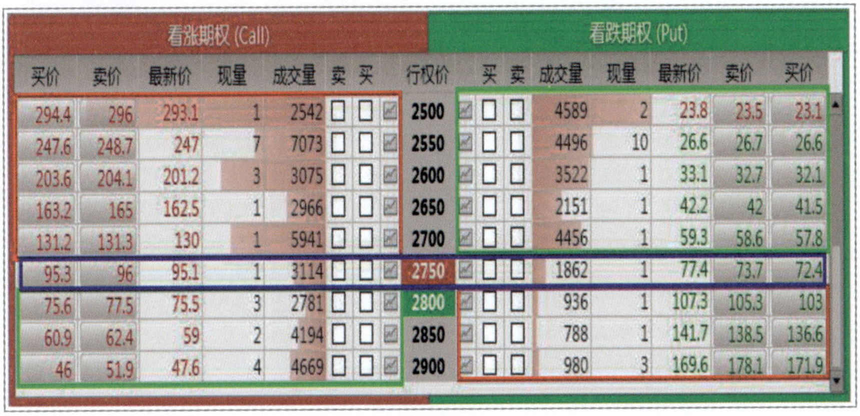

看涨期权 (Call)							行权价	看跌期权 (Put)						
买价	卖价	最新价	现量	成交量	卖	买		买	卖	成交量	现量	最新价	卖价	买价
294.4	296	293.1	1	2542			2500			4589	2	23.8	23.5	23.1
247.6	248.7	247	7	7073			2550			4496	10	26.6	26.7	26.6
203.6	204.1	201.2	3	3075			2600			3522	1	33.1	32.7	32.1
163.2	165	162.5	1	2966			2650			2151	1	42.2	42	41.5
131.2	131.3	130	1	5941			2700			4456	1	59.3	58.6	57.8
95.3	96	95.1	1	3114			2750			1862	1	77.4	73.7	72.4
75.6	77.5	75.5	3	2781			2800			936	1	107.3	105.3	103
60.9	62.4	59	2	4194			2850			788	1	141.7	138.5	136.6
46	51.9	47.6	4	4669			2900			980	3	169.6	178.1	171.9

图 3-4 软件中如何区分实值、平值、虚值期权

图 3-4 中红色部分为实值期权，绿色部分为虚值期权，蓝色部分为平值期权。

3.5 期权买卖双方的权利和义务

表 3-1 期权买卖双方的权利和义务

	买方	卖方
权利与义务	买方有行权的权利，但无义务	卖方只有义务无权利
权利金	买方支付	卖方收取
履约行权	决定权在买方	卖方无法要求买方行权
最大损失	权利金	无限风险
最大获利	无限获利	权利金
对市场预期	预期牛市：买 Call 预期熊市：买 Put	预期牛市：卖 Put 预期熊市：卖 Call

3.6 期权的要素

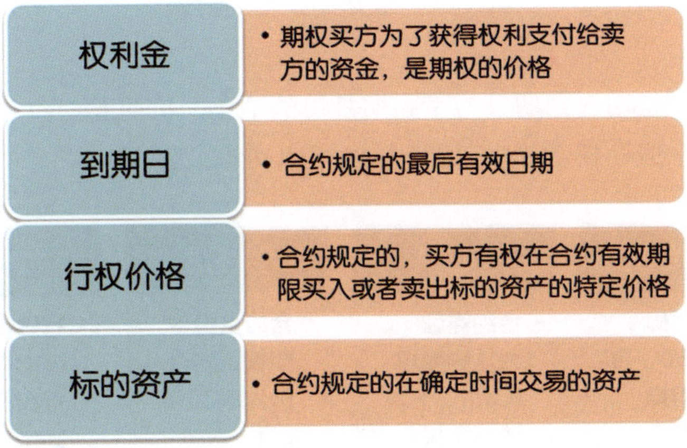

图 3–5 期权的要素

3.7 期权合约代码的要素

以沪深 300 股指期权合约：IO1404–C–2100 为例。

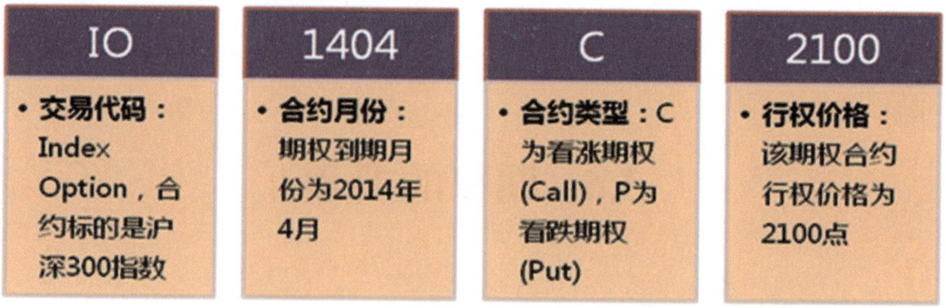
IO
• 交易代码：Index Option，合约标的是沪深300指数
1404
• 合约月份：期权到期月份为2014年4月
C
• 合约类型：C为看涨期权(Call)，P为看跌期权(Put)
2100
• 行权价格：该期权合约行权价格为2100点

图 3-6 股指期权合约要素

该股指期权到期日为：到期月份的第三个星期五。

以个股期权合约：510050C1403MO1400 为例。

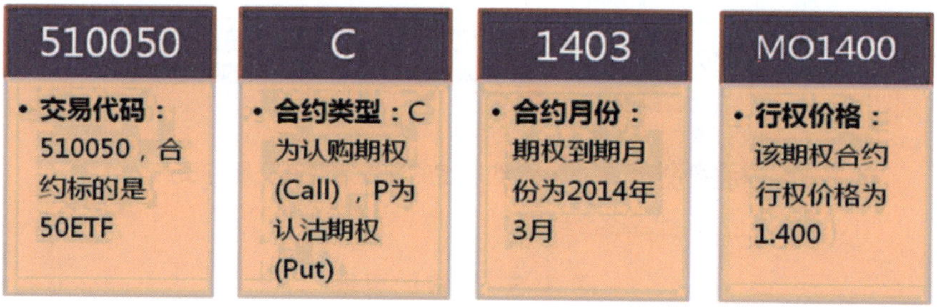
510050
• 交易代码：510050，合约标的是50ETF
C
• 合约类型：C为认购期权(Call)，P为认沽期权(Put)
1403
• 合约月份：期权到期月份为2014年3月
MO1400
• 行权价格：该期权合约行权价格为1.400

图 3-7 个股期权合约要素

个股期权到期日为：到期月份的第四个星期三。

3.8 沪深 300 期货和股指期权之比较

相同点：

1. 合约标的：沪深 300 指数
2. 交易时间：09:15~11:30 & 13:00~15:15

3. 价格最大波动限制：前日结算价上下10%

4. 交割方式：现金

5. 竞价方式：集合竞价 & 连续竞价

6. 最后交易日：合约到期月第三个星期五

7. 最后结算价格公式：最后交易日指数收盘前两小时的算数平均数

不同点：

点数金额：

期货1点=300RMB 期权1点=100RMB

合约月份：

期货——当月、下月、两个季月（4个月份合约）

期权——当月、下月、下下月、两个季月（5个月份合约）

最小变化点数：

期货——0.2点 期权—0.1点

保证金：

期货——合约价值13%

期权——买方不需要保证，卖方需要保证金

线性效果：期货——线性 期权—非线性

3.9 期权新行权价合约的生成

交易所根据以下规则，确定下一交易日上市交易的期权合约：

一、以最接近标的资产当日收盘价的行权价格间距整数倍数值为各月份平值期权的行权价格；

二、按照行权价格间距，在各月份平值期权合约上下连续挂出若干个实值期权合约和虚值期权合约。

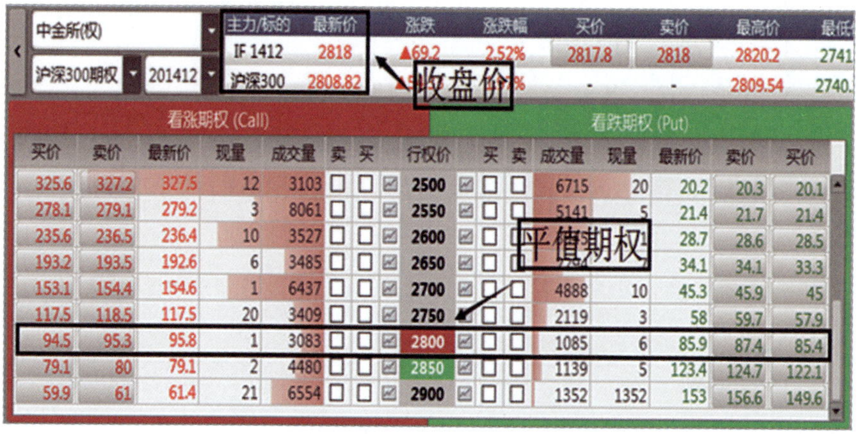

图 3–8 收盘价接近哪个行权价，哪个行权价为平值期权

我们以沪深 300 股指期权为例，来了解新合约的生成，以及当平值期权变化后期权各合约的变化。

交易所要求：

距离昨日股指期货收盘价最近的整数行权价为各合约平值期权价格。

沪深 300 股指期权——

当月和下 2 个月合约行权价格间距：50 点

当月和下 2 个月合约平值期权上下至少各挂出间距为 50 点的 3 个连续行权价格。

季月合约行权价格间距：100 点

季月合约平值期权上下至少各挂出间距为 100 的 2 个连续行权价格。

根据以上条件，假设昨日股指期货当月合约收盘价为 2310 点，股指期权各月合约平值期权定为 2300 点，各月合约初始各行权价合约如下：

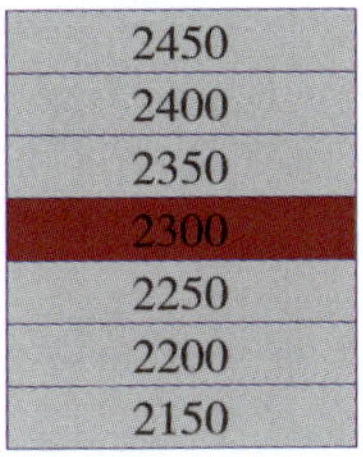

图 3-9 近月合约行权价格排列

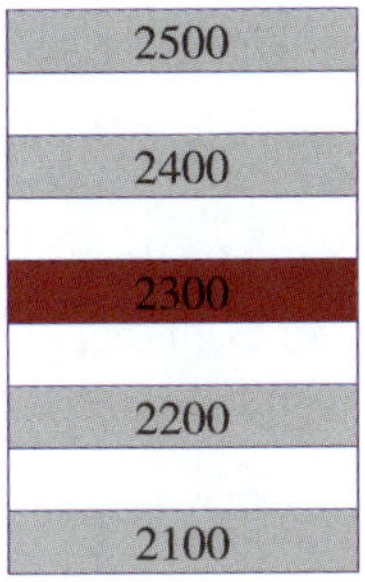

图 3-10 季月合约行权价格排列

图 3-9 为当月和下 2 个月合约行权价格排列。

图 3-10 为季月合约行权价格排列。

当股指期货当月合约价格出现大幅上涨，收盘价为 2360 点时，根据交易所的规则——“当月和下 2 个月合约平值期权上下至少各挂出间距为 50 点的 3 个连续行权价格，季月合约平值期权上下至少各挂出间距为 100 的 2 个连续行权价格。”第二天的各月合约行权价格报价就会出现如下变化：

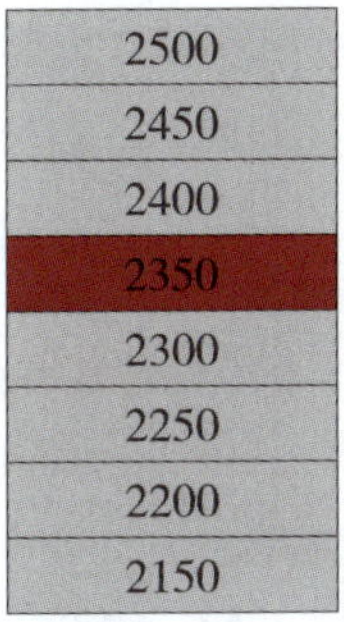

图 3-11 近月合约行权价格排列

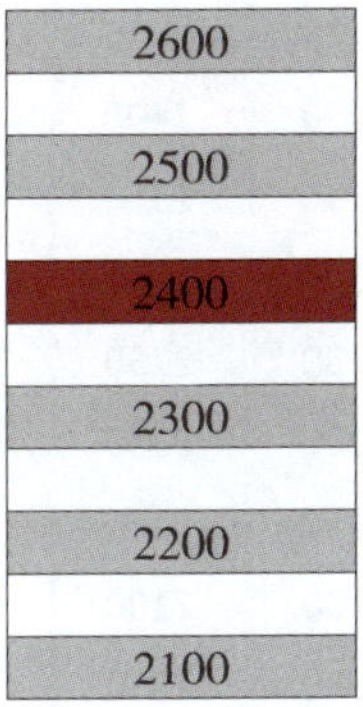

图 3-12 季月合约行权价格排列

图 3-11 为当月和下 2 个月合约行权价格排列。

图 3-12 为季月合约行权价格排列。

由于股指期货当月合约收于 2360 点离 2350 更近，当月和近月合约平值期权变为 2350，原有行权价 2350 上面只有 2400 和 2450 两个行权价合约，根据交易所规定上下至少挂出 3 个连续行权价格，所以上面又多出一个 2500 行权价的合约。

由于股指期货当月合约收于 2360 点离 2400 更近，季月合约平值期权变为 2400，原有行权价 2400 上面只有 2500 一个行权价格合约，根据交易所规定上下至少挂出 2 个连续行权价格，所以上面又多出一个 2600 行权价的合约。

这样原有当月和近月合约的行权价格就从 7 个变为了 8 个。季月合约行权价格就从 5 个变为了 6 个。

我们可以举一个更大的例子来帮助大家理解一个期权的月份合约从初始到到期行权，其行权价的完整变化情况。

假设股指期货的当月合约从初始到到期经历了大幅的波动，与之对应的当月合约期权行权价变化如图 3-13：

> 以下的内容非常关键，理解了期权行权价格的变化，将有助于我们在未来交易期权时寻找各个阶段的获利机会。

2700	2700	2700	2700	2700	2700	2700	2700
2650	2650	2650	2650	2650	2650	2650	2650
2600	2600	2600	2600	2600	2600	2600	2600
2550	2550	2550	2550	2550	2550	2550	2550
2500	2500	2500	2500	2500	2500	2500	2500
2450	2450	2450	2450	2450	2450	2450	2450
2400	2400	2400	2400	2400	2400	2400	2400
2350	2350	2350	2350	2350	2350	2350	2350
2300	2300	2300	2300	2300	2300	2300	2300
2250	2250	2250	2250	2250	2250	2250	2250
2200	2200	2200	2200	2200	2200	2200	2200
2150	2150	2150	2150	2150	2150	2150	2150
2100	2100	2100	2100	2100	2100	2100	2100
2050	2050	2050	2050	2050	2050	2050	2050
2000	2000	2000	2000	2000	2000	2000	2000
1950	1950	1950	1950	1950	1950	1950	1950
1900	1900	1900	1900	1900	1900	1900	1900

合约初始 ———————————————————————➤ 合约到期

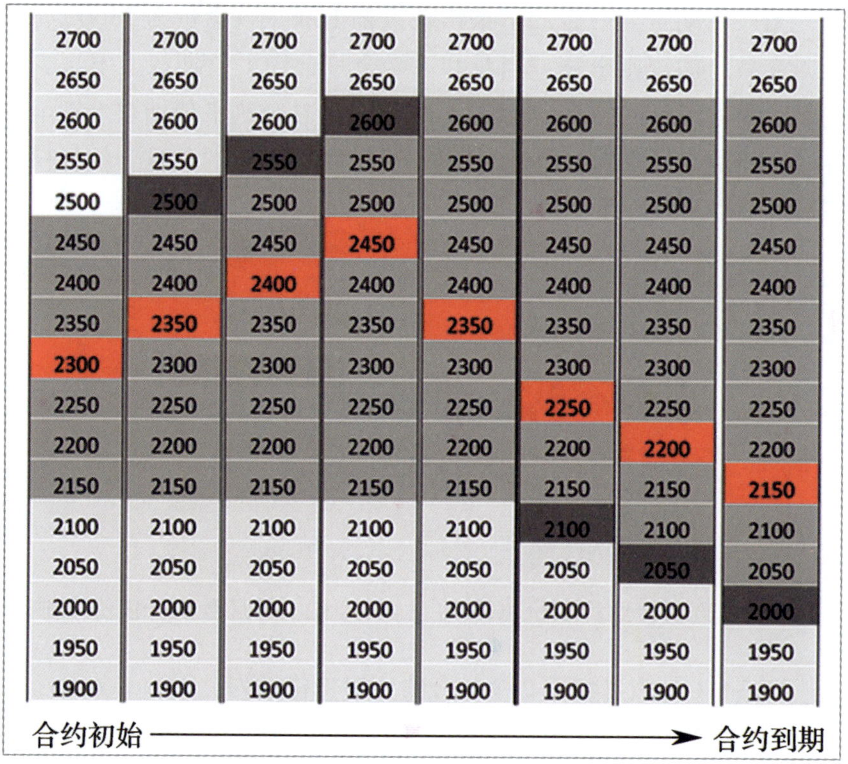

图 3-13　当月合约期权行权价变化

左侧第一列为当月期权合约初始行权价的情况，右侧最后一列为当月期权合约行权日当天的行权价情况。图中深色部分为当时的行权价格排列。

从图中我们可以看出当月股指期货合约经历了大幅的波动，从初期的 2300 最高冲高到了 2450，最后又大幅回落到了 2150。根据交易所的规定，在这个大幅波动的过程当中，期权行权价格的上部和下部不断有新的行权价格的合约生成，当月期权合约的行权价格从初期的 7 个，最后到到期当天变为 13 个行权价格。

反过来，我们假定股指期货当月合约如果一直在 2350 附近横盘震荡，且振幅很小，则当月期权合约的行权价格会变成初期 7 个行权价格，合约到期当天还是 7 个行权价格。

小 结

请大家一定要记住上面的图表，这将帮助我们深刻理解期权行权价格的变化，对我们未来寻找期权行权价格变化中的交易机会有很大帮助。

3.10 期权价值的构成

期权价 = 内涵价值 + 时间价值

内涵价值（Intrinsic Value）

实值期权：标的资产价格与行权价格的差

虚值期权：内涵价值为 0

时间价值（Time Value）

期权价减内涵价值的剩余部分

我们所看到的不同行权价位期权的报价就是期权价。由于不同行权价合约的性质不同（实值期权、平值期权、虚值期权），期权报价所包含的价值也会不同。

期权的报价由内涵价值和时间价值两部分组成。实值期权的内涵价值为标的资产价格与行权价的差。虚值期权的内涵价值为 0。这样所有期权的报价我们都可以得到下面的公式：

实值期权报价 = 内涵价值 + 时间价值

虚值期权报价 = 0 + 时间价值

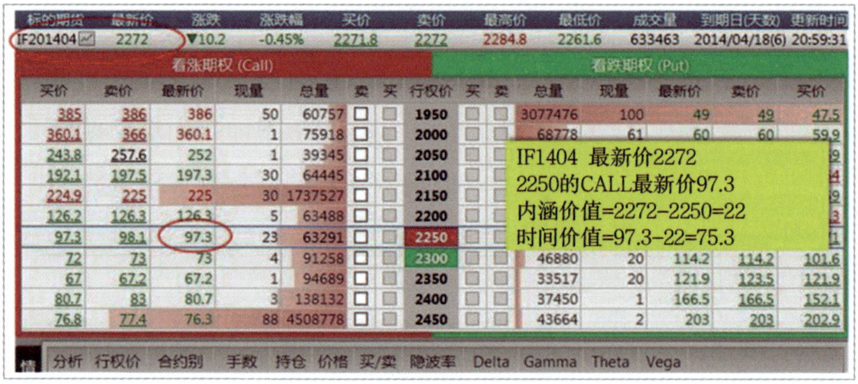

图 3-14 实值期权

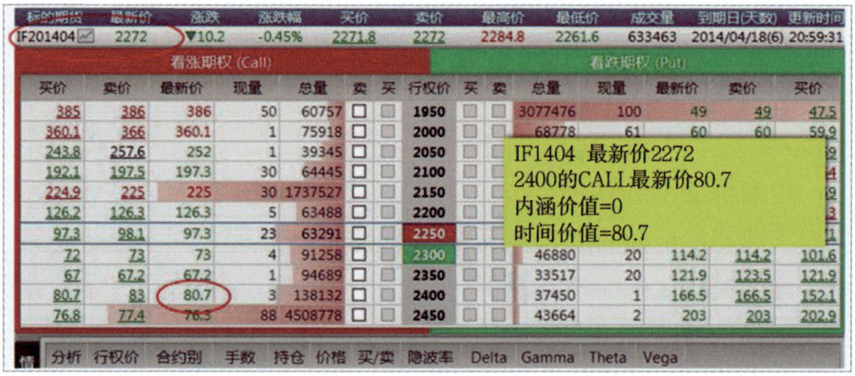

图 3-15 虚值期权

由上面的公式，我们在做期权交易时必须要记住两点：交易实值期权我们需要同时考虑到内涵价值和时间价值这两部分价值的变化情况；交易虚值期权我们只需要考虑其时间价值的变化。

时间价值（Time value），也称外在价值，是指期权合约的购买者为购买期权而支付的权利金超过期权内涵价值的那部分价值。

要点时间价值：合约到期时间价值为 0。

3.11　期权的定价

期权最难即定价

定的什么价?

时间价值!

在期权合约到期之前，随着市场的波动，期权的时间价值也在不断发生变化，虽然变化的过程当中时间价值也会增长，但就趋势来说，期权的时间价值呈逐步减少、最终归零的状态。因此，在合约到期前为期权进行合理定价最难的部分就是为期权的时间价值定价。

Black-Scholes 模型是目前国际上大多数机构使用的期权定价方法，当然还有其他的模型很多机构也在使用。但是，当市场出现恐慌时，期权的报价会出现巨大的偏差，时间价值也会出现大幅波动。

了解期权价的组成及时间价值的特性，我们来介绍两种期权交易过程中会遇到的情况：

3.11.1 看对做对不赚钱

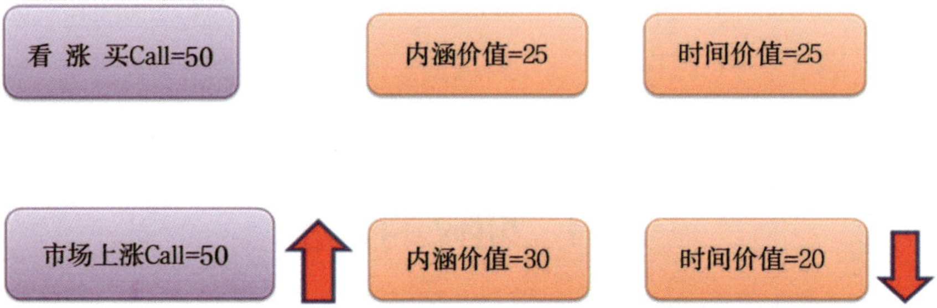

图 3-16 看对做对不赚钱

如图 3-16，这是一个我们未来可能会经常遇到的一种交易过程中的情况，看对做对不赚钱。假设，我们认为市场会上涨，选择买入一个实值期权的 Call（看涨期权，认购期权，买权），做多。市场如期上涨，但是市场上涨后，我们手中的 Call 价格却未发生变化，我们并没有从市场上涨中获利，即使我们看对也做对了。这就是我们了解期权价组成的意义。

从图 3-16 中我们可以看出虽然我们做对了，期权价中的内涵价值上涨了，从 25 涨至 30，但是由于时间价值是呈逐步减少的趋势，原有的时间价值从 25 减至 20，因此，市场虽然上涨了，期权价仍是 50 不变。

要点选择 买入实值期权的 Call 或 Put，做多或做空，必须保证内涵价值的增长速度快于时间价值的减少速度，才能获利。

3.11.2 看错做错赚钱

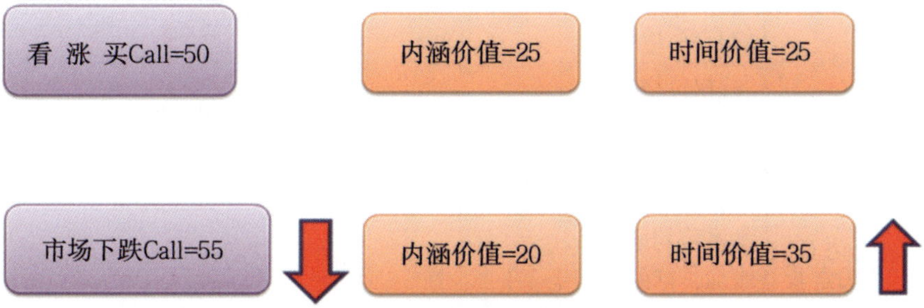

图 3–17 看错做错赚钱

如图 3–17，还是之前看多做多的例子，通过买入实值期权的 Call（看涨期权、认购期权、买权）做多。市场走出的相反的走势，在我们做多的时候市场下跌了，这时手中的 Call 的价格竟然上涨，我们看错做错却获得了收益。

从图中我们可以看出虽然做错了，期权价中的内涵价值下跌了，从 25 减至 20，但是由于市场中的投资者认为短期内市场会出现大幅波动，导致时间价值短期内大幅上涨，原有的时间价值从 25 涨至 35，因此，市场虽然下跌了期权价却是 55，我们可以获利。

以上的案例在国际市场上有很多，2008 年美国股市暴跌时，由于市场的隐含波动率暴涨，导致时间价值暴涨，当时很多通过卖出 Call 做空的投资者虽然看对做对了，却都经历了短期的大幅亏损。

3.12 期权价格的影响因素

影响期权价格的因素有很多，我们把这些影响因素的变化与期权价格变化的关系，列成表格供大家参考：

表 3-2 影响期权价格变化的因素

因素	看涨期权价格变化	看跌期权价格变化
标的资产价格	+	−
行权价格	−	+
到期时间长短 （时间越长，价格变动机率越高）	+	+
无风险利率 （固定收益增加，标的资产走多）	+	−
标的资产价格变动率（波动率） （波动度越大，价格变动机率越高）	+	+
股息收益率 （股息率越高，标的资产扣除价格越高）	−	+

注：+ 表示正向影响；- 表示反向影响

无风险利率（Risk-free Interest Rate）：利率是对机会成本及风险的补偿，其中对机会成本的补偿部分称为无风险利率。是将资金投资于某一项没有任何风险的投资对象而能得到的利息率。一般受基准利率影响，等于投资期的国债的利率。

无风险利率是期权价格的影响因素之一，无风险利率水平影响期权的时间价值和内在价值。利率水平对期权时间价值的整体影响有限。关键是对期权内在价值的影响，对看涨期权是正向影响，对看跌期权是反向影响。

当其他因素不发生变化时，如果无风险利率上升，标的资产价格的预期增长率可能上升，而期权买方未来可能收到的现金流的现值将下降，这两个因素都使 Put 的价值下降。因此，无风险利率越高，Put 的价值越低。对于 Call，标的资产价格的增长率上升会导致 Call 的价值上升，因此，无风险利率越高，Call 的价值越高。

股息收益率（Dividend Yield Ratio）：也称股息率，是股息与股票价格之间的比率。在投资实践中，股息率是衡量企业是否具有投资价值的重要标尺之一。如果一只股票的股息率超过 1 年期银行存款利率，则这只股票可以视为收益型股票，股息率越高越能够吸引投资者。

股利收益率 = 股息 / 股票买入价 × 100 %

3.13 期权的风险管理

在投资股票时，我们会使用一些指标或参数来评估一只股票的价格和风险。在期权的交易中也有这样的一些参数帮助我们评估期权的风险。

由 Black-Scholes 模型衍生出的一套希腊字母系数，是投资普遍通用的期权风险管理工具。它是将期权的风险分成几个组成部分，用不同的希腊字母表示，评估当其他希腊字母所代表的风险条件不变时，一个单位的某希腊字母所代表的风险发生变动时所造成的期权价格的变化。

分析以下期权希腊字母系数的变化，将有助于管理期权仓位的风险以及找出获利的策略。

Delta　系数 (Δ)
Gamma　系数 (γ)
Theta　系数 (θ)
Vega　系数 (ν)

我们先看两张图表对比一下，同一合约不同行权价之间不同系数的变化。

行权价	合约别	手数	持仓	价格条件	价格	买/卖	有效期	隐波率	Delta	Gamma	Theta	Vega
2500	看涨期权	1		限价	372	买	ROD	61.01%	0.2847	0.0002	-2.6637	1.4505
2550	看涨期权	1		限价	319.3	买	ROD	35.88%	0.3096	0.0002	-1.0922	0.8609
2600	看涨期权	1		限价	266.8	买	ROD	33.37%	0.3016	0.0003	-1.2249	1.0710
2650	看涨期权	1		限价	234.6	买	ROD	38.06%	0.2750	0.0004	-1.9393	1.6331
2700	看涨期权	1		限价	194.6	买	ROD	39.18%	0.2522	0.0004	-2.3565	1.9844
2750	看涨期权	1		限价	158.2	买	ROD	37.37%	0.2308	0.0005	-2.4936	2.2265
2800	看涨期权	1		限价	123.8	买	ROD	35.94%	0.2052	0.0006	-2.5798	2.4200
2850	看涨期权	1		限价	100.9	买	ROD	38.05%	0.1764	0.0005	-2.8050	2.5202
2900	看涨期权	1		限价	74.8	买	ROD	37.18%	0.1483	0.0006	-2.7041	2.5026
2950	看涨期权	1		限价	57	买	ROD	36.55%	0.1207	0.0005	-2.5083	2.3741

图 3–18　同一合约不同行权价的 Call

图 3–18 为，同一合约不同行权价 Call（看涨期权）的各参数变化。

行权价	合约别	手数	持仓	价格条件	价格	买/卖	有效期	隐波率	Delta	Gamma	Theta	Vega
2500	看跌期权	1		限价	14	买	ROD	47.74%	-0.0315	0.0002	-1.3868	1.0672
2550	看跌期权	1		限价	14.9	买	ROD	43.52%	-0.0367	0.0002	-1.4089	1.1926
2600	看跌期权	1		限价	16.4	买	ROD	38.70%	-0.0423	0.0003	-1.3789	1.3180
2650	看跌期权	1		限价	45	买	ROD	41.55%	-0.0648	0.0003	-1.9528	1.7425
2700	看跌期权	1		限价	54.7	买	ROD	46.23%	-0.0910	0.0004	-2.6211	2.1060
2750	看跌期权	1		限价	60.5	买	ROD	42.44%	-0.1084	0.0004	-2.5892	2.2803
2800	看跌期权	1		限价	76.7	买	ROD	40.97%	-0.1315	0.0005	-2.6538	2.4377
2850	看跌期权	1		限价	104.8	买	ROD	40.31%	-0.1569	0.0005	-2.6769	2.5200
2900	看跌期权	1		限价	135.7	买	ROD	41.88%	-0.1815	0.0005	-2.7523	2.5112
2950	看跌期权	1		限价	156.4	买	ROD	41.26%	-0.2061	0.0005	-2.5754	2.4151

图 3–19　同一合约不同行权价的 Put

图 3–19 为，同一合约不同行权价 Put（看跌期权）的各参数变化。

Delta 系数（Δ）表示做多做空一手期权等于多少手的期货。

Gamma 系数（γ）反应 Delta 变化的敏感度，当标的资产变化时，Delta 值变动的大小。

Theta 系数（θ）是时间价值的利息，用来衡量期权时间值流失的速度。

Vega 系数（ν）表示隐含波动率，它直接影响期权价格，因为它的存在有可能出现看对做对亏钱，看错做错赚钱的情况。

3.14 期权的行权

期权的行权结算分为实物结算和现金结算两种。实物结算以个股期权、商品期权为代表；现金结算以股指期权为代表。

3.14.1 现金结算：以股指期权为例

实值期权的结算：

买方：

买入 Call（看涨期权）的投资者到期结算时，收益为标的资产价格与行权价的差。

买入 Put（看跌期权）的投资者到期结算时，收益为标的资产价格与行权价的差。

买方也可以选择放弃行权，放弃自己所获的收益。

卖方：

卖出 Call（看涨期权）的投资者到期结算时，亏损为标的资产价格与行权价的差。

卖出 Put（看跌期权）的投资者到期结算时，亏损为标的资产价格与行权价的差。

卖方没有选择放弃的权利，只有履行合约的义务。

虚值期权的结算：

买方：

买入 Call（看涨期权）的投资者到期结算时，亏损为所支付的全部权利金。

买入 Put（看跌期权）的投资者到期结算时，亏损为所支付的全部权利金。

虚值期权无需行权。

卖方：

卖出 Call（看涨期权）的投资者到期结算时，收益为所收取该合约的全部权利金。

卖出 Put（看跌期权）的投资者到期结算时，收益为所收取该合约的全部权利金。

虚值期权卖方不做行权处理。

3.14.2 实物结算：以个股期权为例

实值期权的结算：

买方：

买入 Call（认购期权）的投资者到期行权时，以行权价买入标的个股，股票持有权发生变更。

买入 Put（认沽期权）的投资者到期行权时，以行权价卖出标的个股，股票持有权发生变更。

买方也可以选择放弃行权，放弃购入或卖出标的个股。

卖方：

卖出 Call（认购期权）的投资者到期结算时，必须以行权价卖出相应数量的个股，股票持有权发生变更。（在个股期权交易中此种交易风险最为巨大，如果期权交易者为裸卖空，手中没有标的个股，为了履行义务，就必须到市场上以更高价格购入股票进行行权，购入股票的行为会进一步推动个股价格的上涨，引发自己亏损进一步扩大。）

卖出 Put（认沽期权）的投资者到期结算时，必须以行权价买入相应数量的个股，股票持有权发生变更。（此种方式经常被投资者用来降低购入个股的成本。）

卖方没有选择放弃的权利，只有履行合约的义务。

虚值期权的结算：

买方：

买入 Call（认购期权）的投资者到期行权时，可选择以行权价买入标的个股，股票持有权发生变更。这样的操作相当于以高于市场的价格购入个股，会造成短期的亏损（但是以收购股票为目的的交易可以选择进行行权的操作）。

买入 Put（认沽期权）的投资者到期行权时，可选择以行权价卖出标的个股，股票持有权发生变更。

买方也可以选择放弃行权，放弃购入或卖出标的个股。

卖方：

卖出 Call（认购期权）的投资者到期结算时，必须以行权价卖出相应数量的个股，股票持有权发生变更（有可能出现的情况，虚值期权被行权，以高于市场价的价格卖出标的个股）。

卖出 Put（认沽期权）的投资者到期结算时，必须以行权价买入相应数量的个股，股票持有权发生变更（有可能出现的情况，虚值期权被行权，以低于市场价的价格买入标的个股）。

卖方没有选择放弃的权利，只有履行合约的义务。

虚值期权被行权，意味着短期意外多出一块利润。

第 4 章

期权的基本交易

科技以人为本，各种实用软件的推出极大地方便了我们的生活，提高了我们工作、生活等方方面面的效率。在交易领域也是如此，从最早我们需要到柜台交易各种股票，到我们去交易大厅通过柜员机就可以交易股票，再到我们可以通过电脑、手机上的炒股软件进行股票交易。如今各种交易软件除了具备基本的交易功能，还为我们提供各种最新的资讯，帮助我们评估持仓的风险，甚至可以帮助我们寻找交易获利的机会。

期权交易相比股票、期货更为复杂，各种理论模型、各种风险函数的计算，成本、盈亏平衡点、盈亏比例等的计算对于普通投资者来说，好比需要先学会编程序才能用电脑一样。事实上一个好的期权交易软件，可以代替我们把这些复杂的公式通过电脑计算好，只把结果提供给我们。让期权交易像我们玩电脑游戏一样，只需要点几下鼠标，就可以选择我们想要进行的交易。好的软件虽然不能代替我们做出投资决策，但却极大地帮助我们提高了分析效率。

策略星的“奇拳·咏春”就是这样一个非常好的期权软件，本书所用软件截图大多来自“奇拳·咏春”，在此向策略星 AlgoStars 及其软件公司——艾扬软件（ICETechnology）表示感谢！

关于期权解释及描述的文章有很多，这其中有太多的理论和函数公式，对于普通投资者来说这些未免艰涩难懂。以下的内容，将让大家抛开复杂的公式和理论，简单易懂的学会如何交易期权。

从本章开始我们将要学习期权的基本交易方法，这将为我们寻找稳定获利的期权策略打下基础。

期权交易与股票、期货交易不同。股票为一个方向——买入做多获利；期货为两个方向——做多、做空；期权交易为四个方向——买入 Call（看涨期权）、买入 Put（看跌期权）、卖出 Call（看涨期权）、卖出 Put（看跌期权）。见图 4-1：

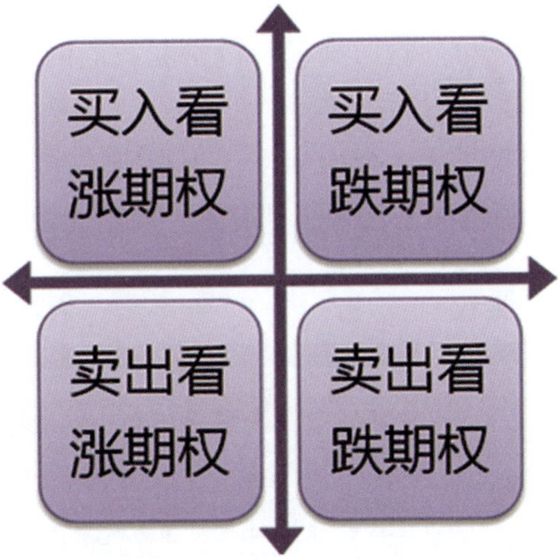

图 4-1　期权基础交易的四个方向

为了便于大家记忆期权的基本交易，在实际交易过程更容易理解自己所持有期权仓位的方向、风险、盈利及亏损。这里给大家介绍一套手指操，当大家面对期权交易界面的时候通过这套手指操，就可以很容易地知道自己所持有的仓位或将要开立的仓位的方向、风险、盈利及亏损情况。

4.1 手势区分如何交易期权

当我们面对期权交易软件时，会看到我们的左手边是红色的Call（看涨期权），右手边是绿色的Put（看跌期权），中间一列是各个不同价位的行权价。这时我们可以举起我们的双手面对屏幕，左手代表Call（买权）、右手代表Put（卖权）。双手做出一个点赞的手势。拇指向上代表买入，拇指向下代表卖出。拇指向上代表获利无限、风险有限，拇指向下代表获利有限、风险无限。

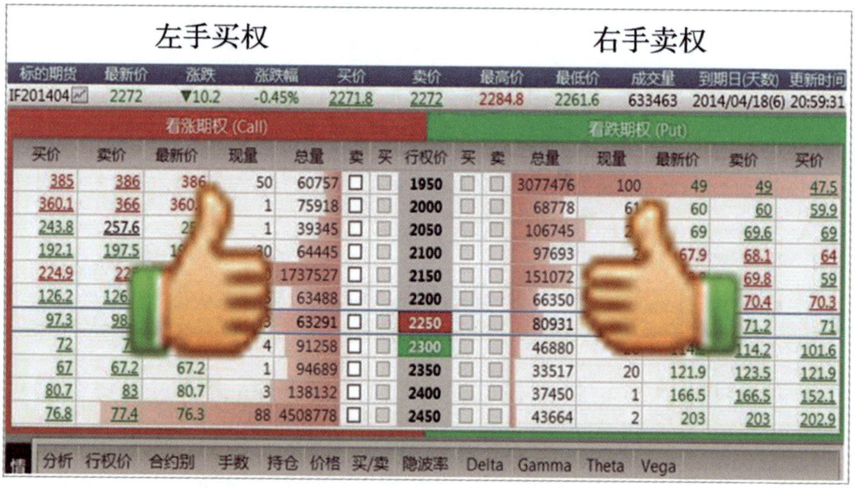

图 4-2　左手代表买权，右手代表卖权

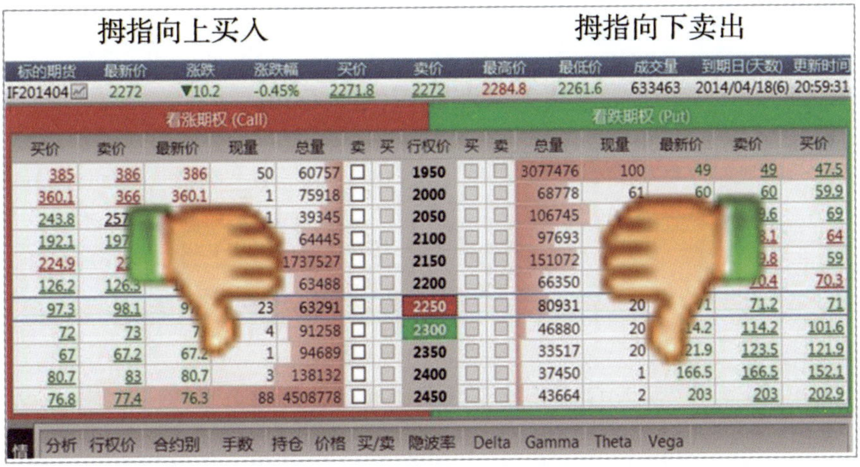

图 4-3 拇指向上代表买入，拇指向下代表卖出

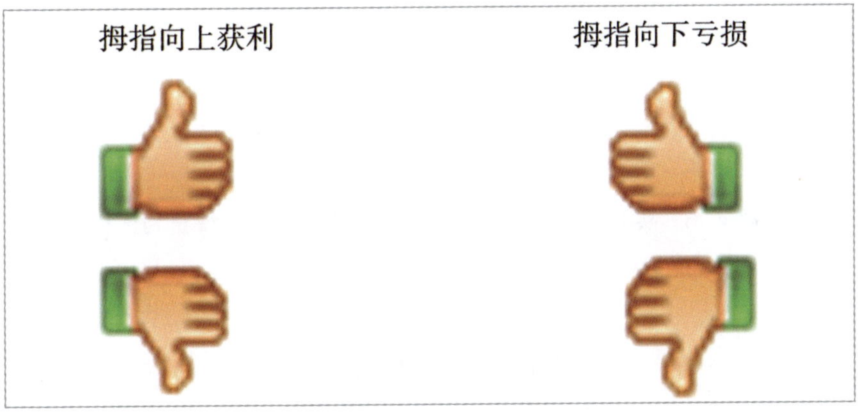

图 4-4 拇指向上代表获利无限，拇指向下代表风险无限

4.2 期权的四个基本交易图形

了解了期权交易的手势，我们来看看期权四个基本交易的收益曲线图形，再结合期权交易手势，加深对期权四个基本交易成本、

风险、收益的认识。

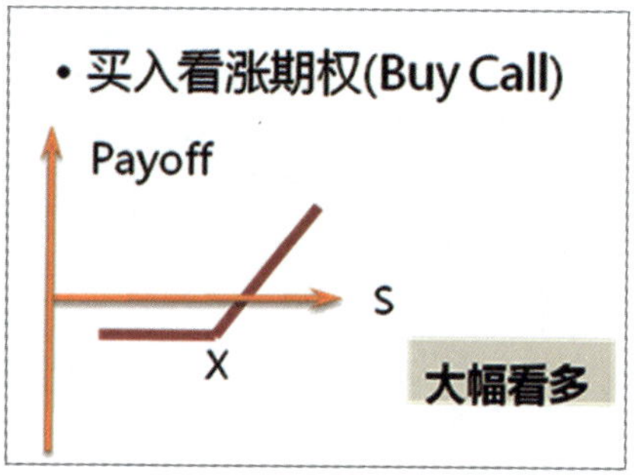

图 4–5　买入 Call 价格下跌风险有限，价格上涨获利无限

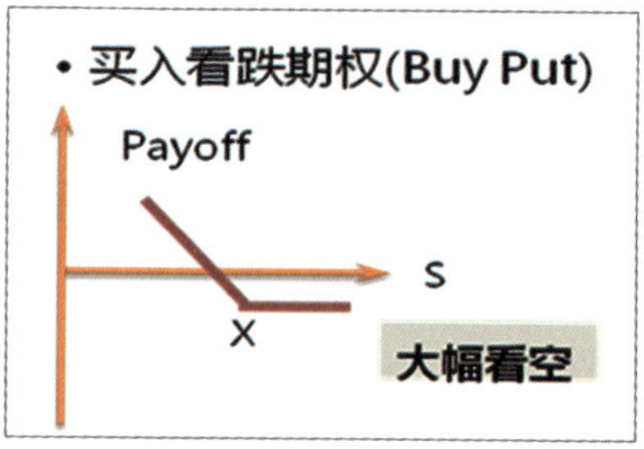

图 4–6　买入 Put 价格上涨风险有限，价格下跌获利无限

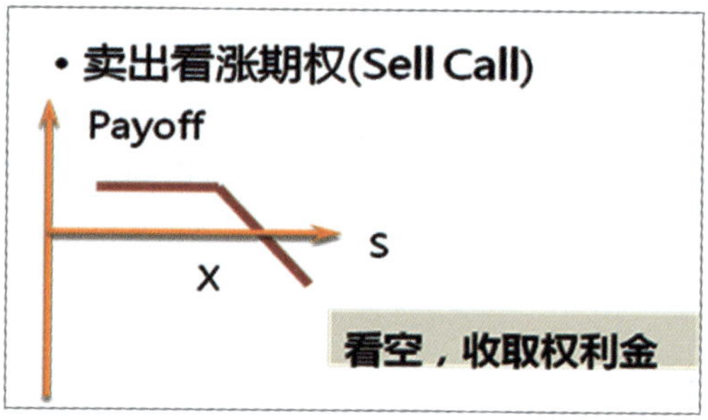

图 4–7　卖出 Call 价格下跌获利有限，价格上涨风险无限

图 4–8　卖出 Put 价格上涨获利有限，价格下跌风险无限

图 4–5~ 图 4–8 的期权交易收益曲线加上期权交易手势就得到了下面的图，见图 4–9：

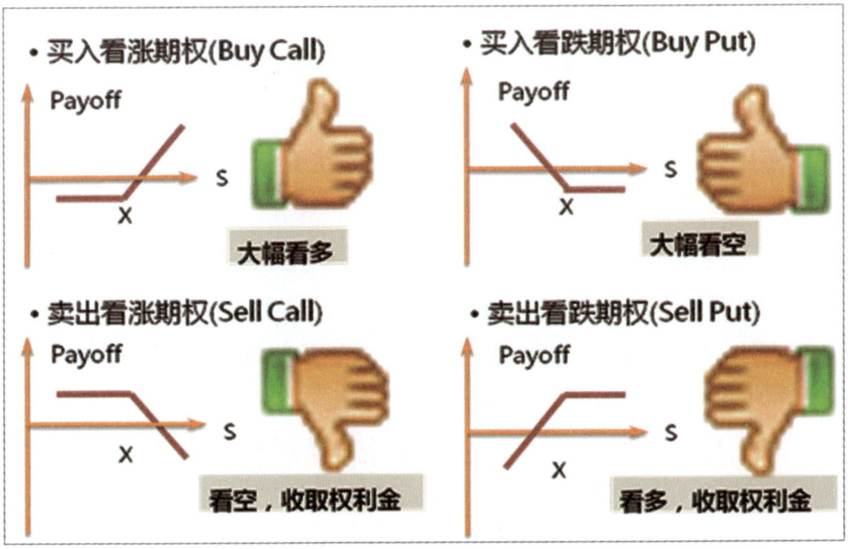

图 4–9　期权基本交易和手势

期权四个基本交易方向还代表了对市场的四个不同看法，这有别于原有的多空判断。买入 Call（看涨期权、买权），看涨。买入 Put（看跌期权、卖权），看跌。卖出 Call（看涨期权、买权），看不涨。卖出 Put（看涨期权、买权），看不跌。见图 4–10。

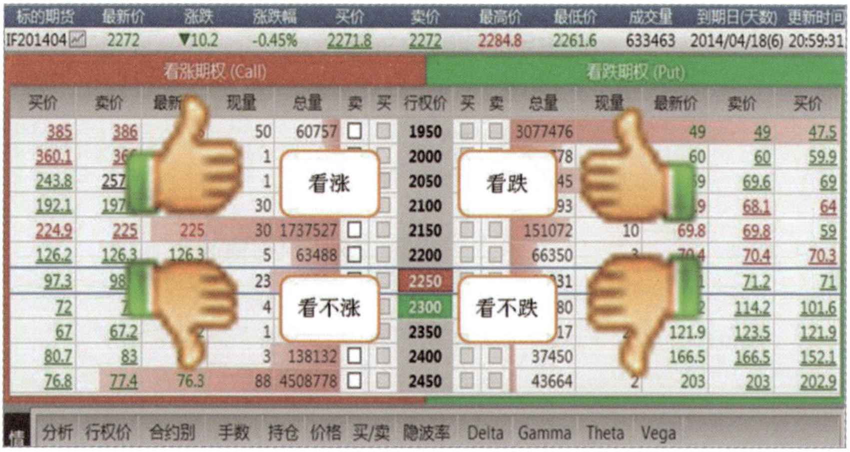

图 4-10 看涨、看跌、看不涨、看不跌

综合以上内容，我们再来记忆期权手指操和期权基本交易的关系：

左手拇指向上：( ) 买入 Call（看涨期权、买权），看涨，支付权利金，风险有限，获利无限。

右手拇指向上：( ) 买入 Put（看跌期权、卖权），看跌，支付权利金，风险有限，获利无限。

左手拇指向下：( ) 卖出 Call（看涨期权、买权），看不涨，收取权利金，获利有限，风险无限。

右手拇指向下：( ) 卖出 Put（看跌期权、卖权），看不跌，收取权利金，获利有限，风险无限。

4.3 交易期权的三大要素

在期权交易最终下单前，有三大要素需要我们考虑：

方向
盈亏平衡点
风险收益概率

只有将这三点因素考虑在内，才能结合我们对市场未来方向的判断进行下单交易。

“奇拳 · 咏春”这款软件将我们所需要的这些数据都通过电脑计算出来，通过图表可以很容易地进行分析和判断。

下面我们将期权手指操和期权四个基本交易方向结合起来，尝试在交易软件中进行操作。只需要点几下鼠标，选择对市场判断相应的选项，就可以交易了，就像玩游戏一样简单。

4.4 期权四个基本交易在软件中的操作

买入 Call（看涨期权、买权），看涨，见图 4-11。

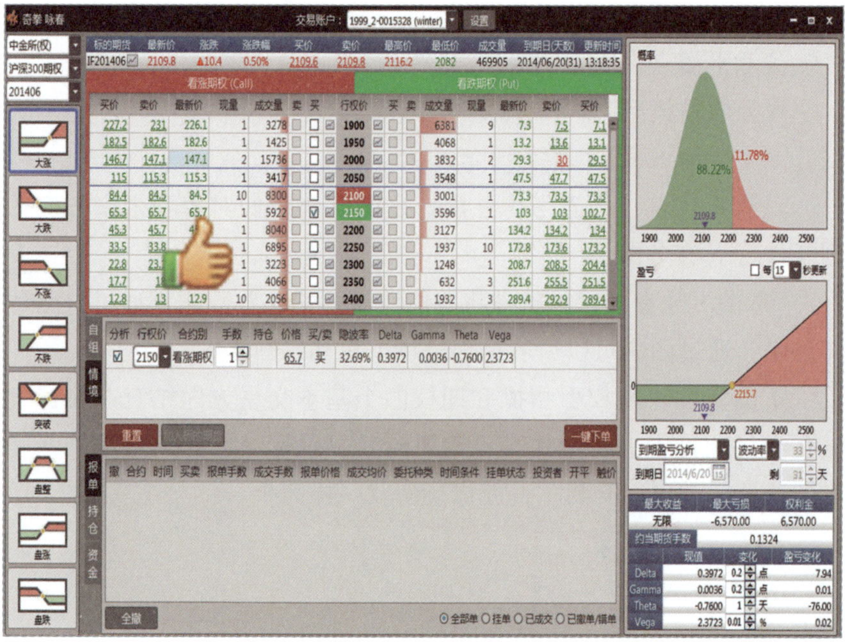

图 4-11　买入 Call

买入 Put（看跌期权、卖权），看跌，见图 4-12。

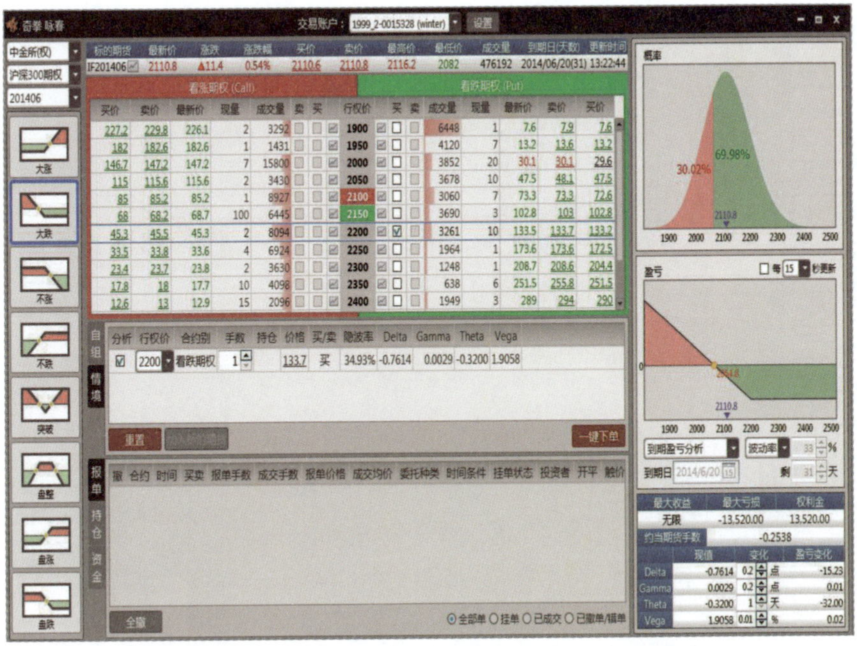

图 4-12　买入 Put

卖出 Call（看涨期权、买权），看不涨，见图 4-13。

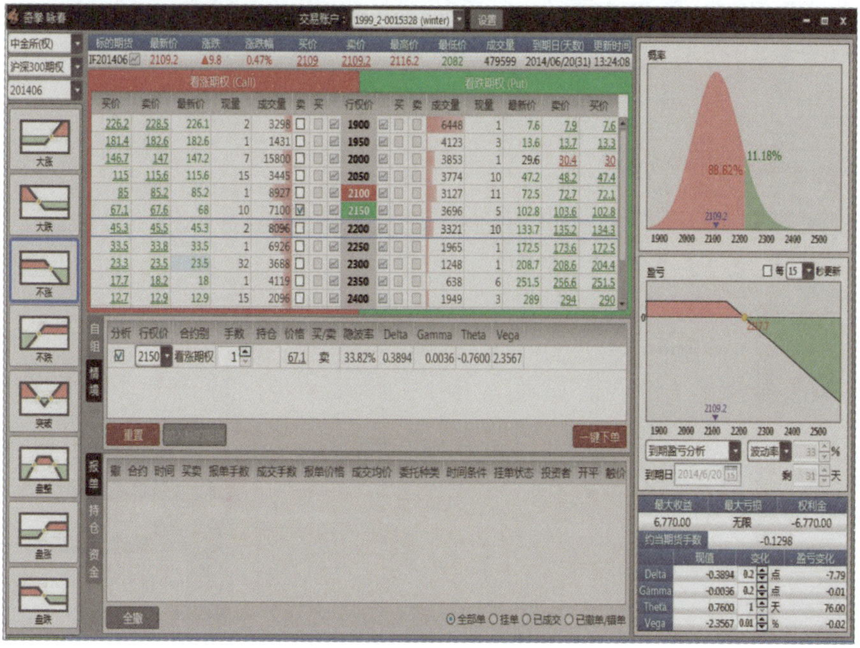

图 4-13 卖出 Call

卖出 Put（看跌期权、卖权），看不跌，见图 4-14。

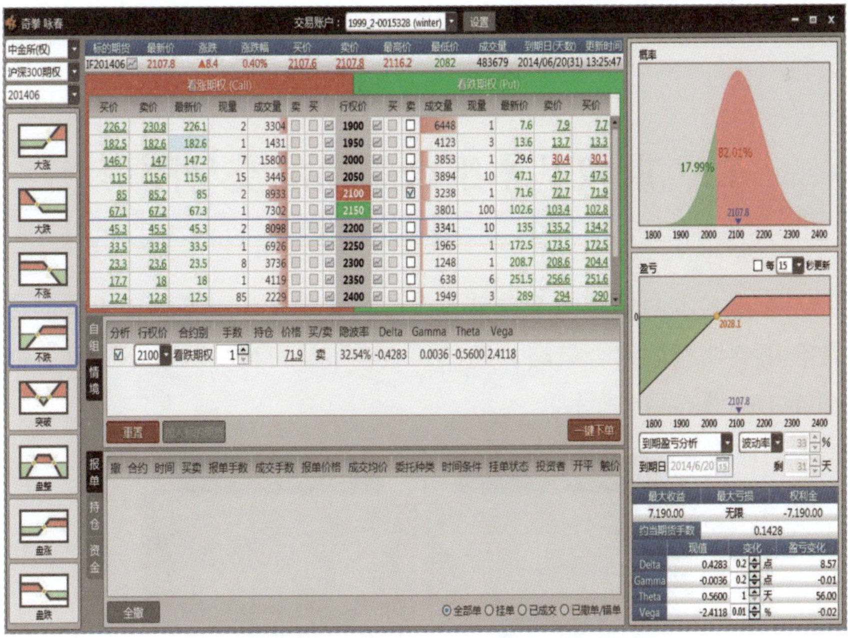

图 4–14　卖出 Put

从图 4–11~ 图 4–14 中我们可以看到，这个软件非常方便。左边的 8 个选项包含了我们对市场走势的各种判断，根据我们自己对市场的判断选择相应的选项，便不会出现下错单的情况，对于初次交易期权的投资者来说非常易于操作。

右边根据我们下单的行权价和点位，结合市场波动的情况，帮助我们计算出了这笔交易盈利和亏损的概率，同时还计算出了盈亏收益曲线、盈亏平衡点、成本、最大收益亏损情况以及我们需要用于评估期权交易风险的各种风险系数的数值。

4.5 期权基本组合策略的交易图形

学会基本的期权四个交易方向后，在实际的交易过程中我们经常会用到期权的组合策略。期权的组合策略可以分为以下几种，如图 4–15、图 4–16 所示。

图 4–15 买入跨式、买入宽跨式、卖出跨式、卖出宽跨式

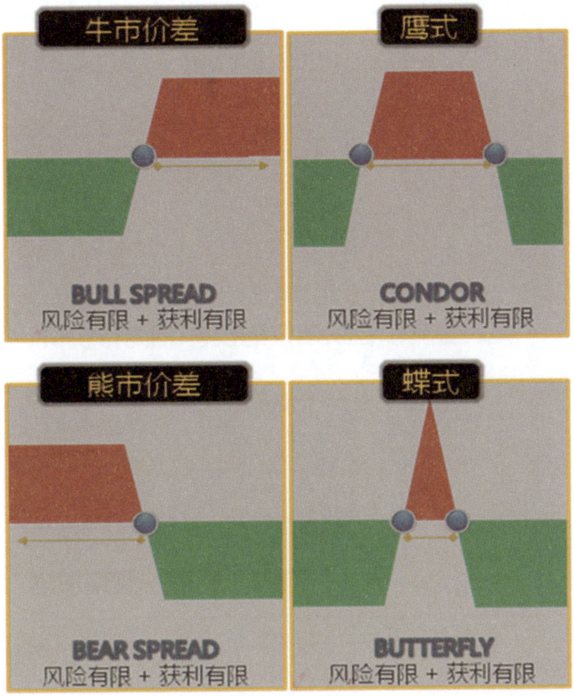

图 4-16 牛市价差、熊市价差、鹰式、蝶式

买入跨式、买入宽跨式、卖出跨式、卖出宽跨式、牛市价差、熊市价差这几种策略组合在实际交易当中被使用较多，鹰式和蝶式策略因为要牺牲一部分利润来换取有限的亏损，在实际交易过程当中有些行情结构并不会经常用到。

我们看到在英文标注中有 Buy、Sell、Long、Shot 的区别，例如：Buy Strangle 和 Long Strangle 的中文都译为买入宽跨式期权策略。那么 Buy、Sell、Long、Shot 有什么不同呢？Buy 和 Sell 表达的是交易的行为，买入或者卖出，Long（看多）和 Shot（看空）表达的是对市场的看法。例如：Buy 一个 Put 行为上是买入，看法上是 Shot 市场。

下面我们结合期权组合策略的收益曲线、软件中的操作以及期权手指操，来加深对这些组合策略的理解。同时了解这些组合策略在实际交易中的简单应用。

4.5.1 买入跨式

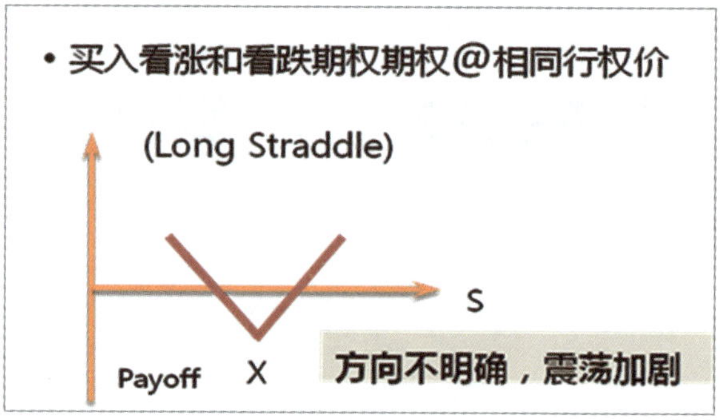

图 4–17 买入跨式

加入手势：

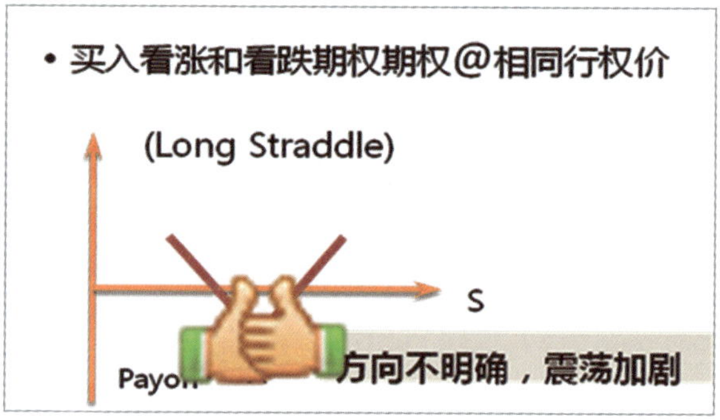

图 4–18 买入跨式手势

交易软件中的操作：

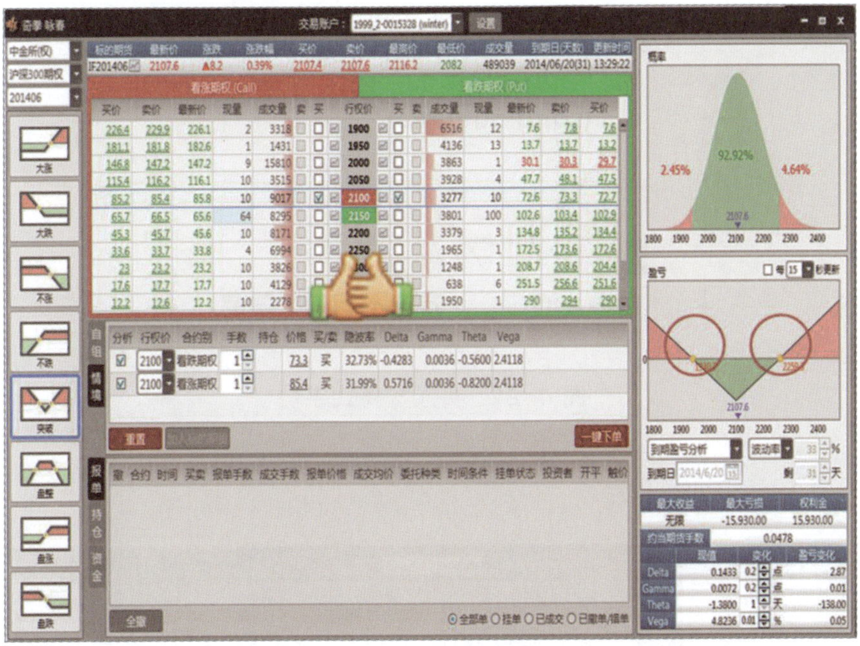

图 4–19 买入跨式软件操作

4.5.2 买入宽跨式

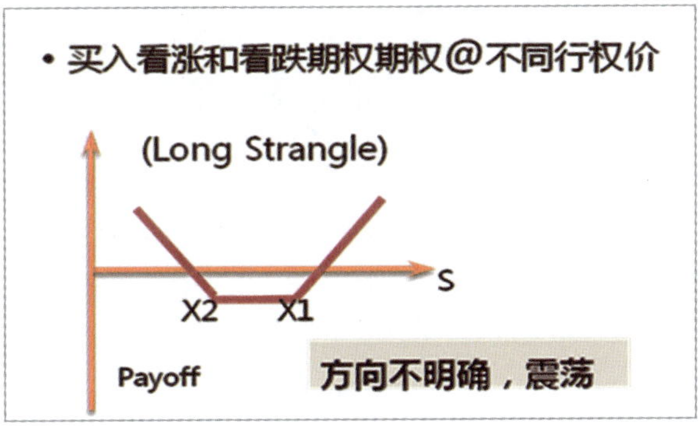

图 4–20 买入宽跨式

加入手势：

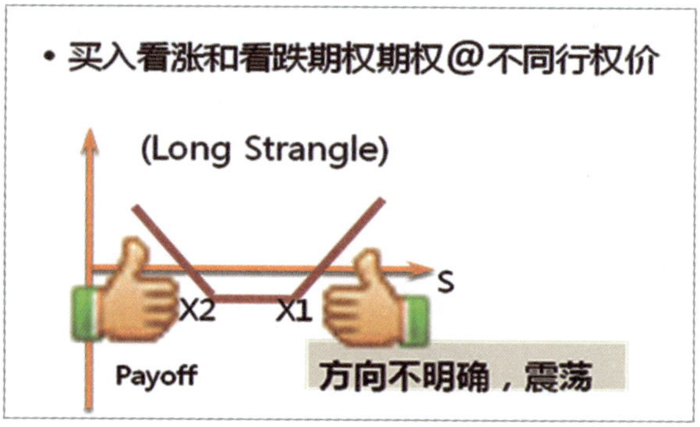

图 4-21　买入宽跨式手势

软件中的操作：

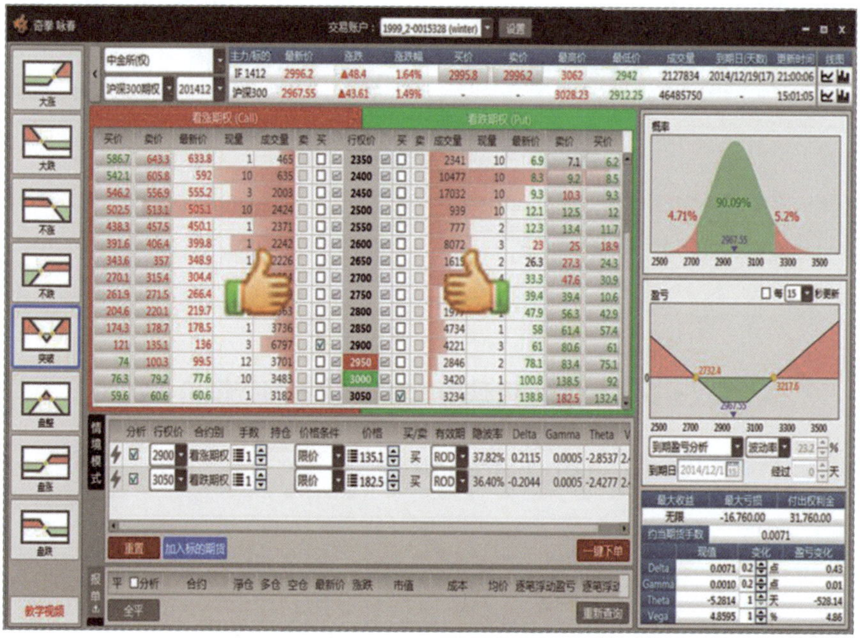

图 4-22　买入宽跨式软件操作

买入跨式（Long Straddle）和买入宽跨式（Long Strangle）都适用于市场振幅收窄后寻求突破时的交易。我们经常会遇到图 4-23 中类似的市场走势：

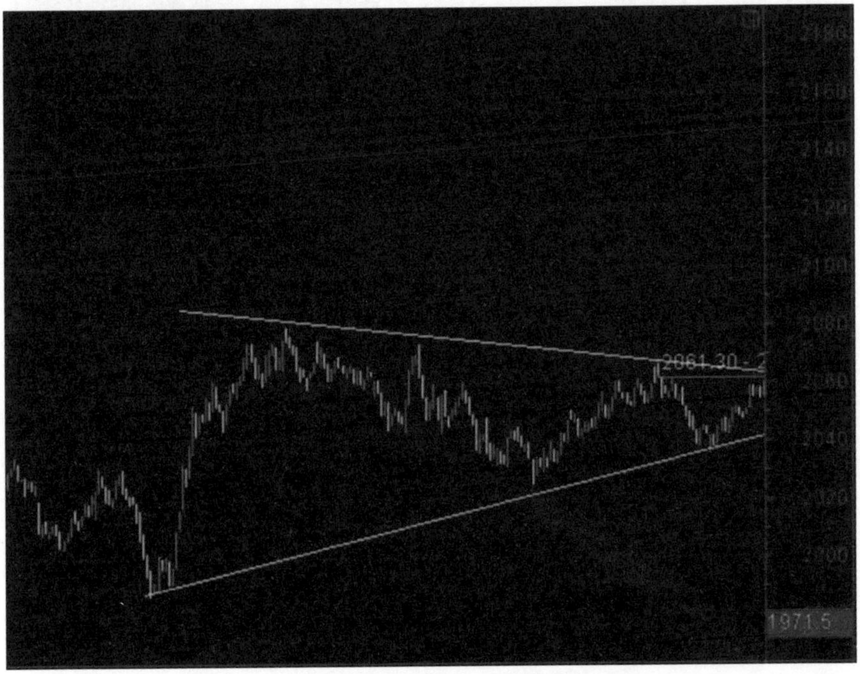

图 4–23　振幅收敛走势

如果没有期权，遇到这样的市场走势，我们通常会有两种交易策略。预估一个方向设好止损，这种方法的劣势在于：可以会有几次止损，收益也会被止损吞噬掉一部分；不提前操作，等待突破确立后再进行操作，这种方法的劣势在于：等方向确立后，已经错过一大部分利润。

但是有了期权，如果再出现上图中的市场走势，我们可以选择买入跨式（Long Straddle）或买入宽跨式（Long Strangle）对这样的行情结构进行交易，我们不需要判断市场的方向，只要最终行情能够突破，不论涨跌我们都可以获利。

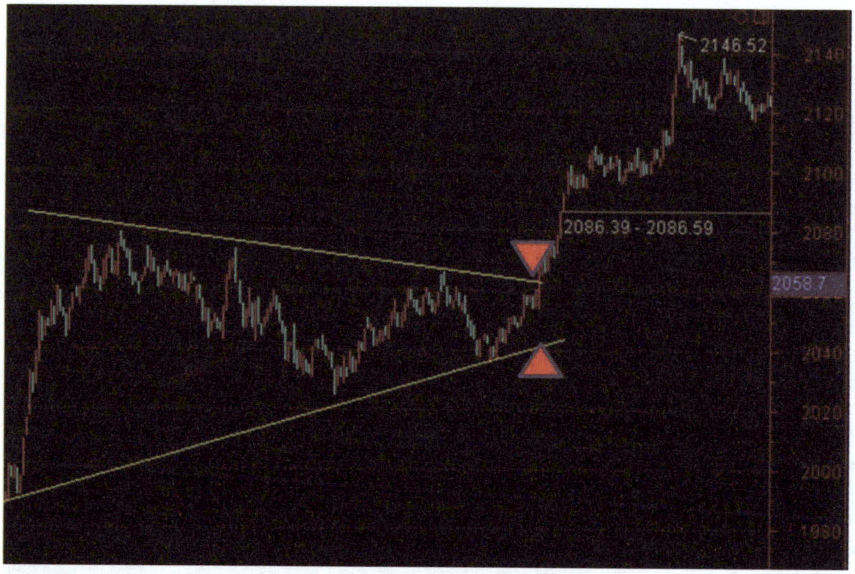

图 4-24 振幅收敛后突破

如图 4-24 所示，我们只需要将以上两种期权组合策略的盈亏平衡点，尽量接近在上图中红色箭头标注的突破关键点，就可以在市场突破后获得收益。

4.5.3 卖出跨式

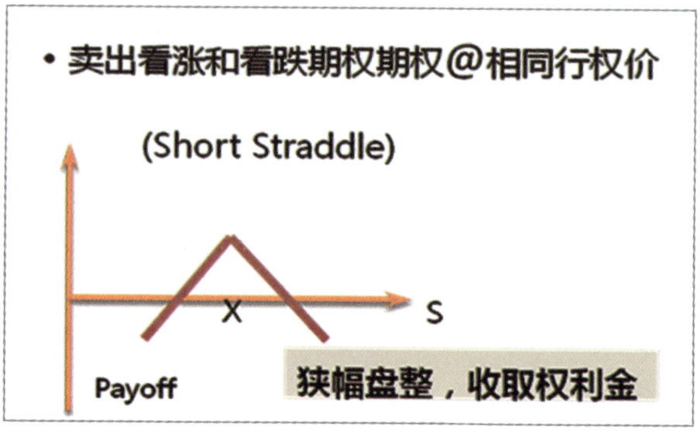

图 4-25 卖出跨式

加入手势：

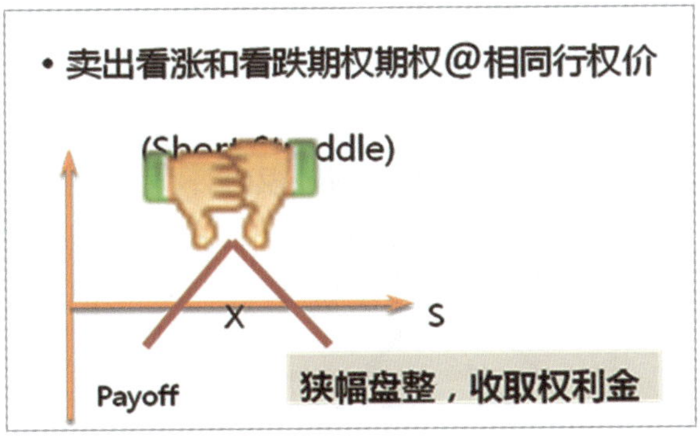

图 4-26 卖出跨式手势

软件中的操作：

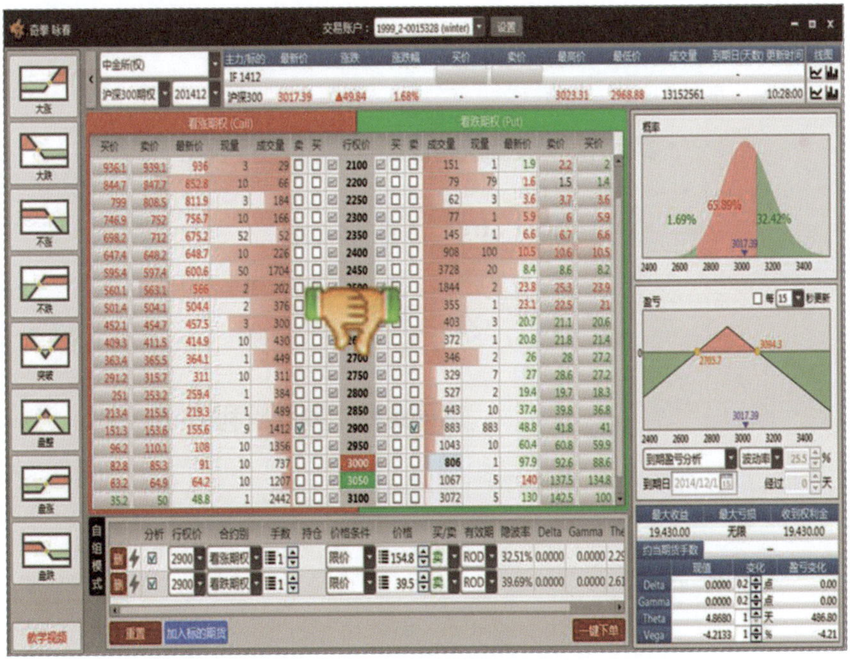

图 4-27 卖出跨式软件操作

4.5.4 卖出宽跨式

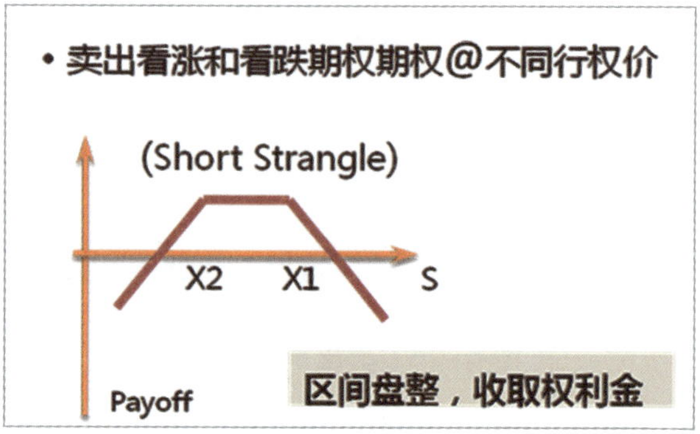

图 4-28 卖出宽跨式

加入手势：

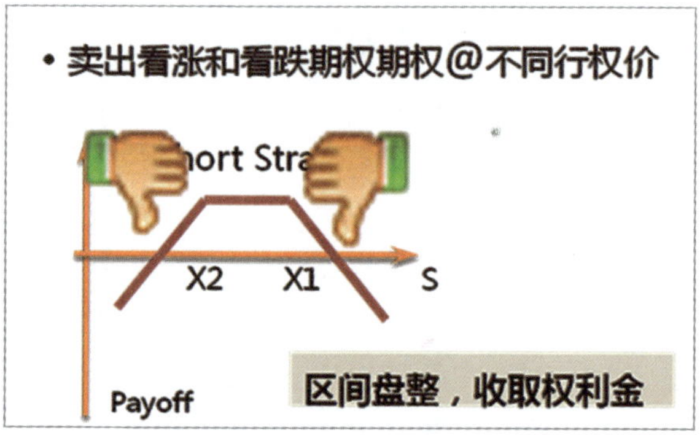

图 4-29 卖出宽跨式手势

软件中的操作：

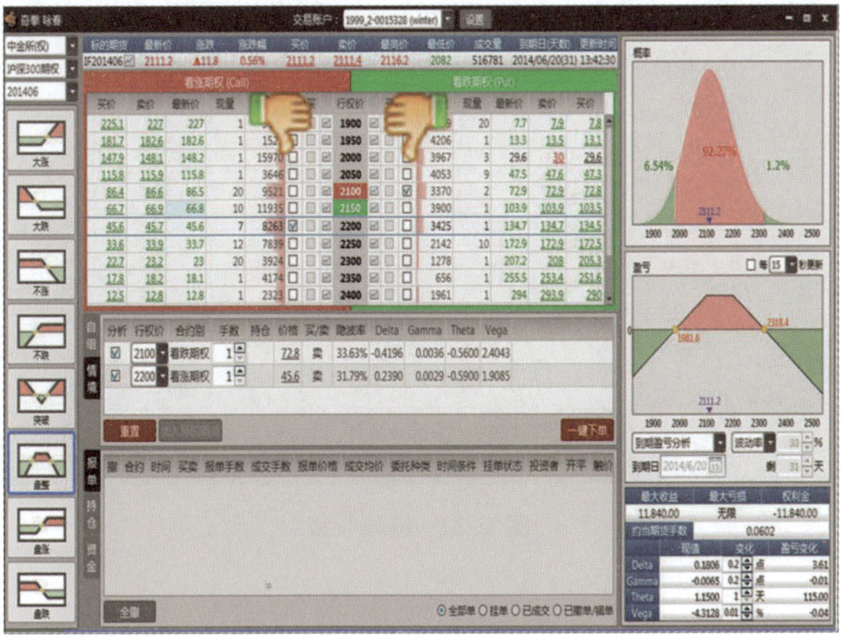

图 4-30 卖出宽跨式软件操作

卖出跨式（Shot Straddle）和卖出宽跨式（Shot Strangle）都适用于当市场处于振幅收窄的区间震荡结构时进行交易。我们经常会遇到图 4-31 中类似的市场走势：

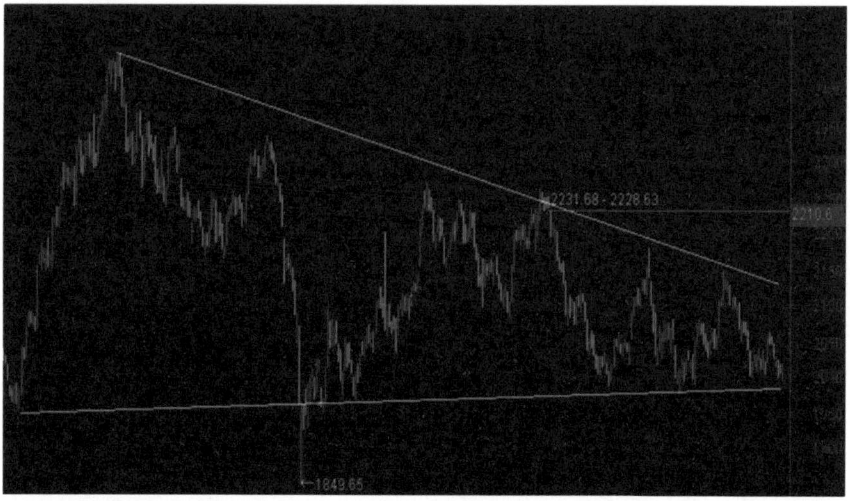

图 4-31　振幅收敛

如果没有期权，遇到这样的市场走势，当价格正处于震荡区间中部的时候，我们通常也很难操作。如果进行交易，方向判断错误的话，又需要进行止损。即使操作正确，利润也并不丰厚。

有了期权，如果再出现上图中的市场走势，我们可以选择卖出跨式（Shot Straddle）和卖出宽跨式（Shot Strangle）对这样的行情结构进行交易，我们不需要判断市场方向，只要价格继续在震荡区间内波动，不论涨跌我们都可以获利。

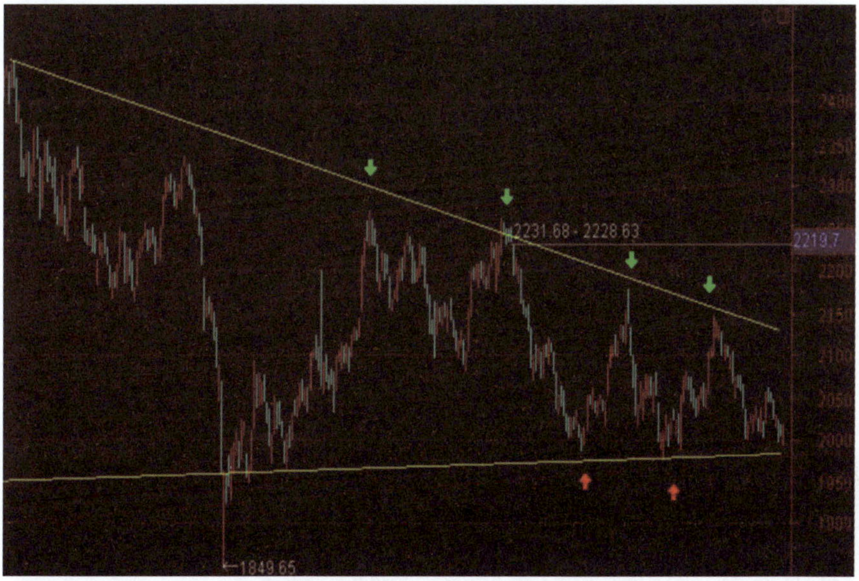

图 4-32　长振幅收敛周期

如图 4-32，我们只需要将以上两种期权组合策略的盈亏平衡点，尽量接近在上图中箭头标注的震荡区间上下沿，就可以在市场波动中获得收益。

4.5.5　牛市价差

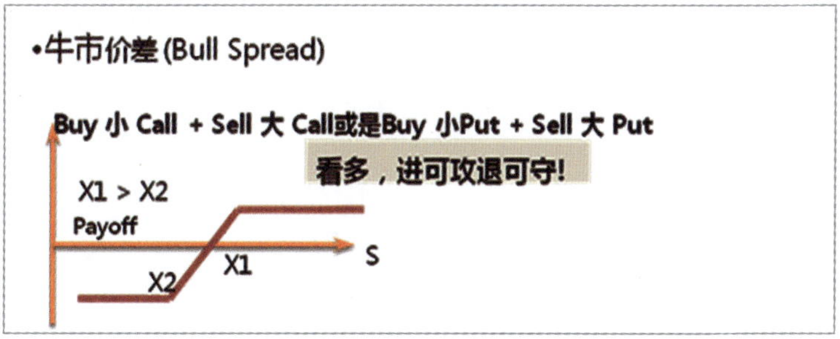

图 4-33　牛市价差

软件中的操作：

Call（看涨期权、买权）部分的操作：

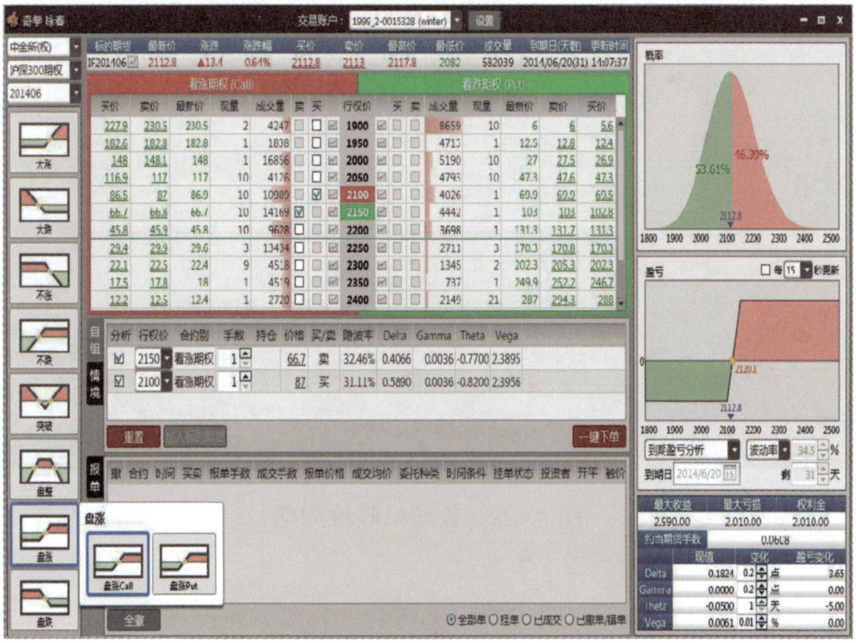

图 4-34　牛市价差 Call

Put（看跌期权、卖权）部分的操作：

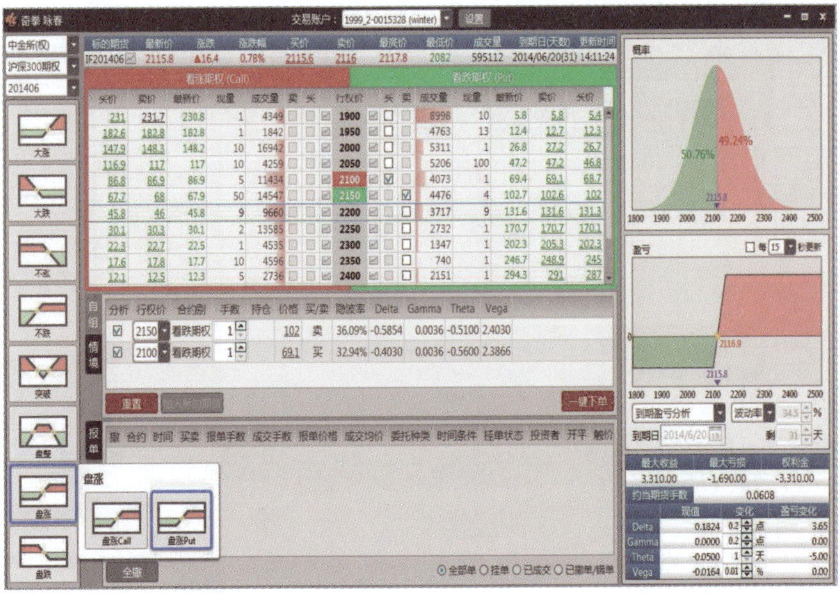

图 4–35　牛市价差 Put

结合牛市价差策略组合的收益曲线和软件中的操作，我们可以更容易理解，对市场看多的牛市价差策略，不论是在 Call 的部分还是在 Put 的部分，我们都只需要买入一个行权价低的期权，再卖出一个行权价高的期权，就可以实现这样的交易。

4.5.6　熊市价差

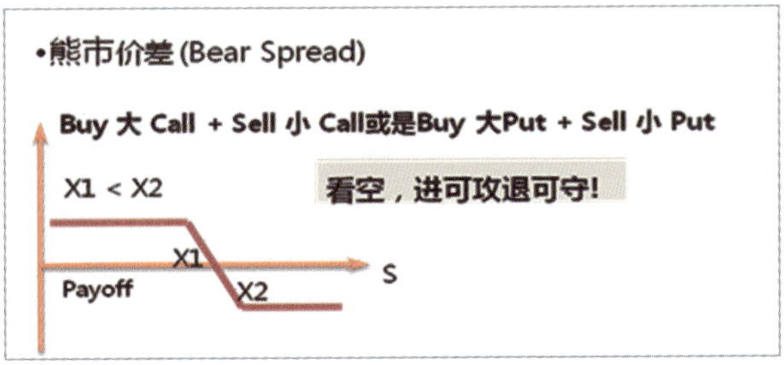

图 4–36　熊市价差

软件中的操作：

Call（看涨期权、买权）部分的操作：

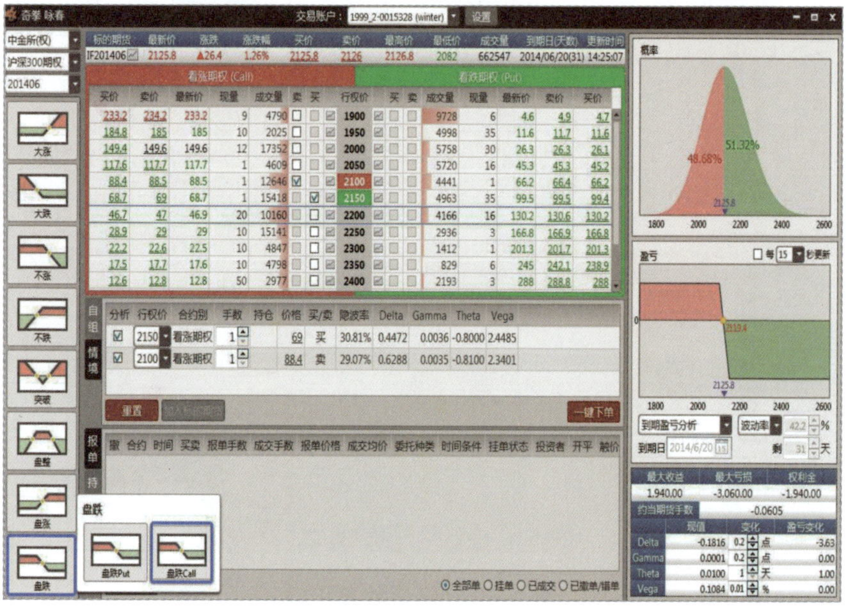

图 4-37　熊市价差 Call

Put（看跌期权、卖权）部分的操作：

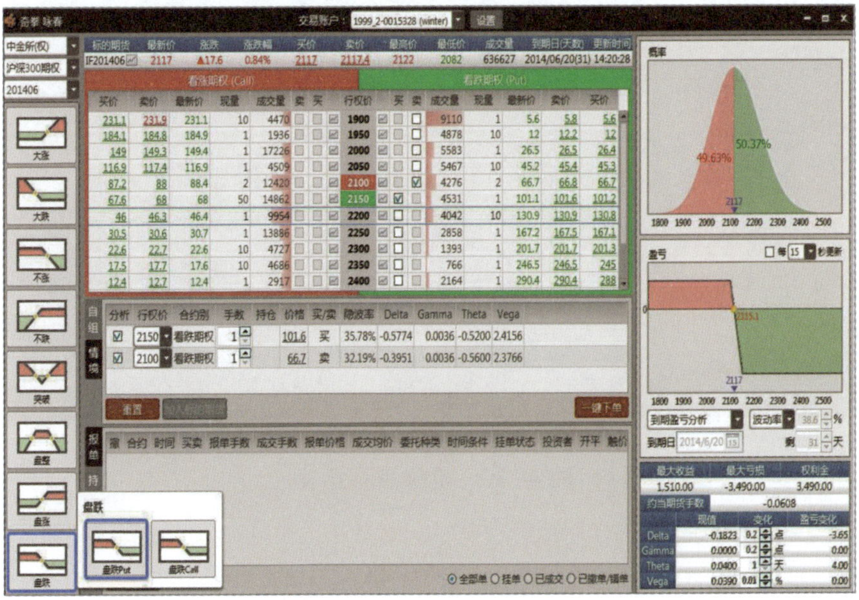

图 4-38　熊市价差 Put

结合熊市价差策略组合的收益曲线和软件中的操作，我们可以更容易去理解，对市场看空的熊市价差策略，不论是在 Call 的部分还是在 Put 的部分，我们都只需要卖出一个行权价低的期权，再买入一个行权价高的期权，就可以实现这样的交易。

牛市价差（Bull Spread）和熊市价差（Bear Spread）策略，适用于市场从一个震荡区间进入另一个震荡区间时进行交易。我们经常会遇到图 4-39 中类似的市场走势：

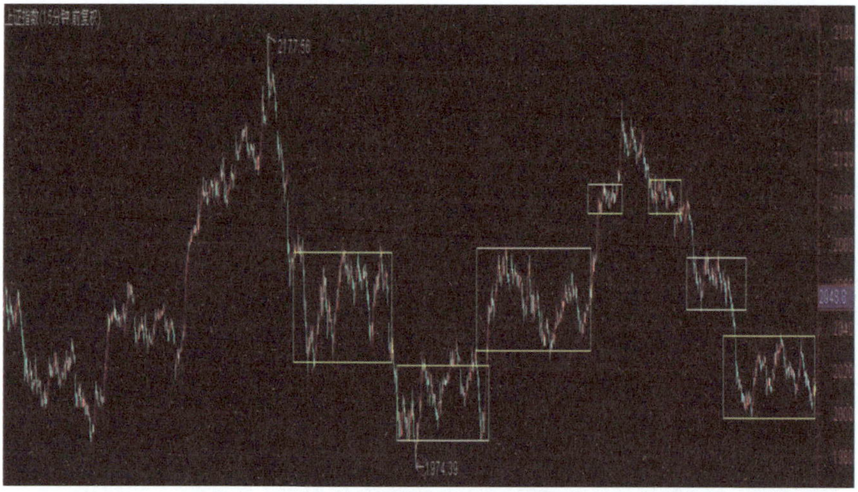

图 4-39 阶梯震荡区间

遇到上图中的市场走势，只要价格从一个震荡区间进入下一个震荡区间，对行情结构判断正确，价格进入新的震荡区间后，不论价格如何波动，使用价差策略，都可以获得固定的收益。

4.5.7 鹰式策略和蝶式策略在交易中的操作

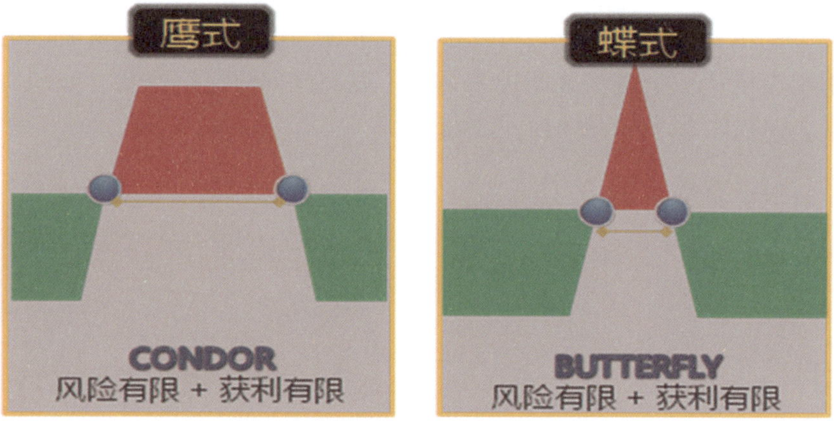

图 4-40 鹰式策略、蝶式策略

鹰式策略组合：

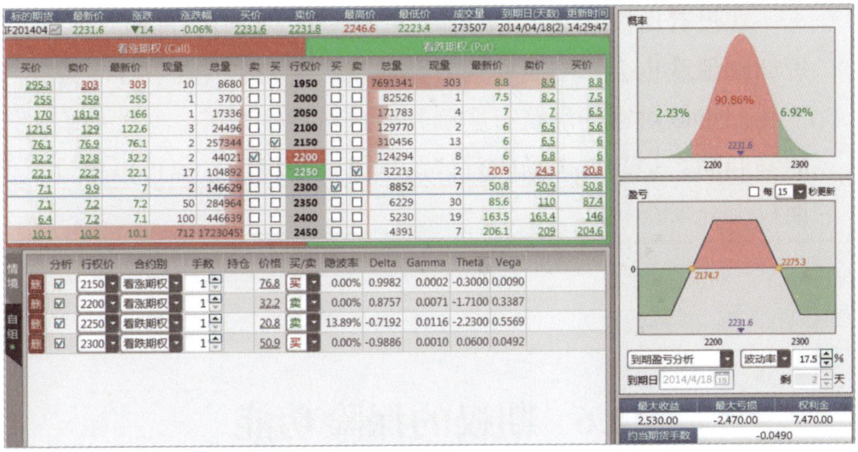

图 4-41　鹰式策略软件中的操作

蝶式策略组合：

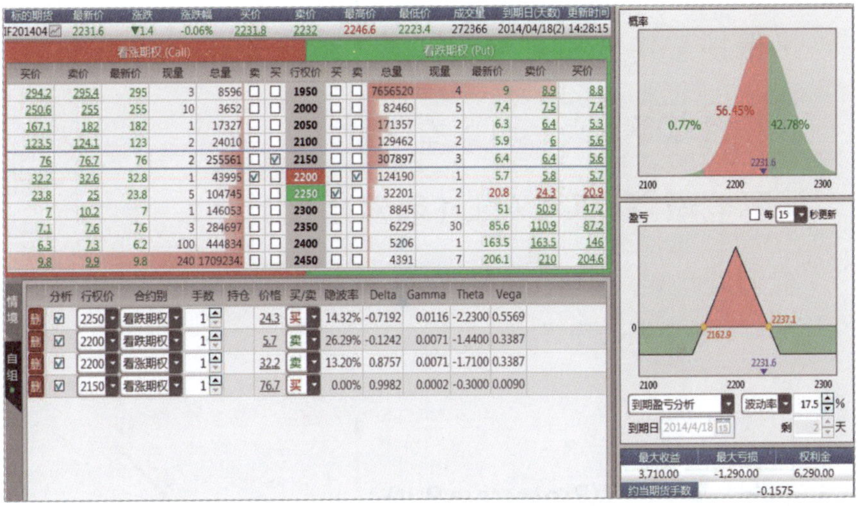

图 4-42　蝶式软件中的操作

鹰式策略组合和蝶式策略组合其实就是牛市价差策略和熊市价差策略的叠加。通过放弃一部分利润的方式换得盈利和亏损皆有限。

总 结

在没有期权之前，我们需要对市场的方向有明确的判断，短期的涨跌也会影响我们的收益曲线。期权的优势在于，除了我们可以对市场涨跌有明确判断进行获利之外，只要我们能够判断大势，对市场的行情结构有一个判断，也可以通过期权组合来获利。

4.6 期权的保险功能

在之前的期权基础上，我们介绍过期权的保险功能以及持有仓位和期权的关系：

- 保护：持仓和买入期权的关系是（+，–）
- 持仓做多　买 PUT（看跌期权）
- 持仓做空　买 CALL（看涨期权）

我们通过保护性期权策略的收益曲线及在实际交易中的操作，来加深对这种策略的理解。

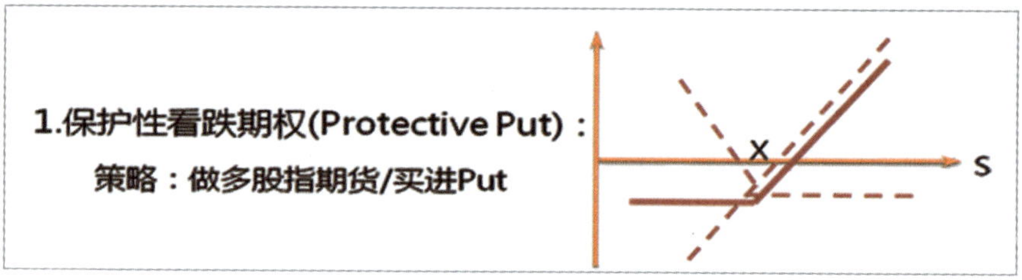

图 4–43　保护性看跌期权

实际交易中的操作：

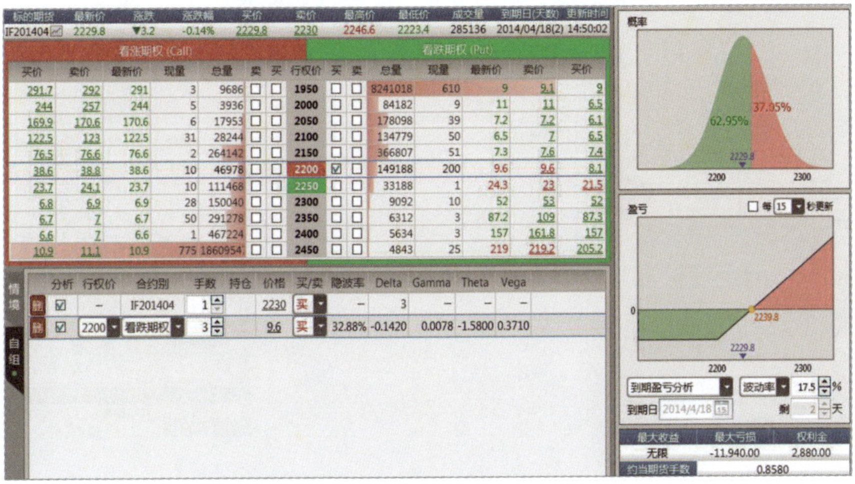

图 4–44　保护性看跌期权的软件操作

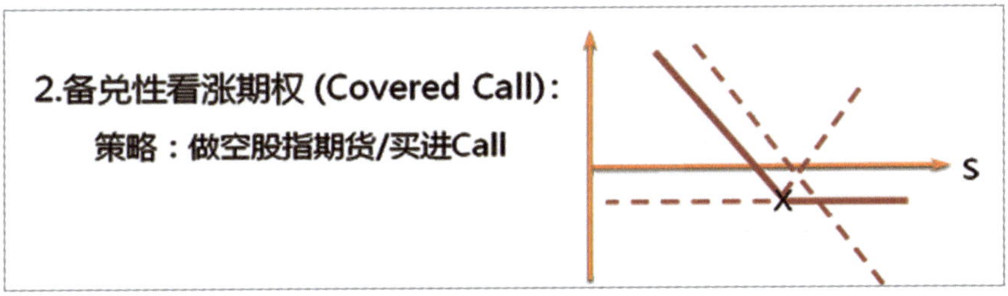

图 4–45　备兑性看涨期权

实际交易中的操作：

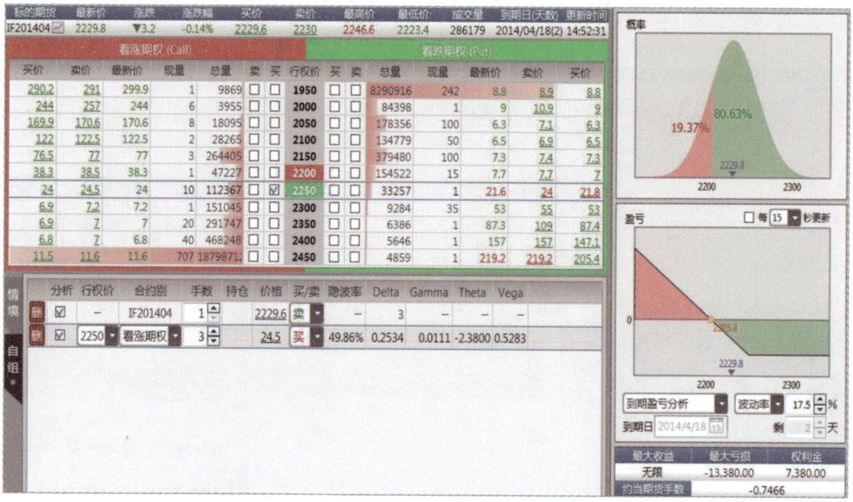

图 4–46 备兑性看涨期权的软件操作

通过图 4–45、图 4–46，我们可以看到，在实际交易中，股指期货和期权的比例为 1∶3，即做多或做空一手股指期货，需要用 3 手股指期权来进行保护对冲风险。因为股指期货一个点为 300 元，股指期权一个点为 100 元。

4.7 期权保护策略的应用

这里介绍一种简单的保护策略用法供大家参考。通过期权保护策略规避区间震荡的反复止损。在理论快速上涨或者快速下跌之后，通常我们会去判断顶部或底部位置，进行股指期货的交易，试图空在高位，多在低位。如果判断失误，为了防止亏损的扩大就需要进行止损。但如果市场在顶部或底部区间剧烈震荡，我们经常会遇到反复止损的情况，这时反复的止损会过多地消耗我们的成本。为了应对这样的情况，在没有期权的情况下，我们会选择轻仓介入尝试，或者等待市场走出顶部或底部区间之后再进行操作。

例如，市场目前为 2790 点，我们判断市场的顶部为 2800 点附近，选择在 2800 做一手空单，没有期权的保护，我们选择设定一个 10 个点的止损。有可能会遇到价格刚好打到 2812 或者 2811，就开始快速下跌的情况。对市场的判断是对的，偏偏刚好被打止损，市场就掉头了，判断对了却没赚到钱。

有了期权的保护，可以让我们避免这样的止损，同样的情况下，在 2800 点做空一手股指期货，买入 2800 点行权价的 Call（看涨期权）花费一定的权利金（可以将这部分权利金当做这笔期货交易的止损成本）：

市场下跌，我们获利。

市场上涨超过 2800 点很远，我们的亏损仅为期权的权利金。

市场刚好涨至 2812 点再下跌，我们获利。

市场在 2790~2830 点反复震荡多次之后再下跌，我们获利。

市场不断冲高涨至 2900 点甚至 3000 点在合约到期前跌回 2800 点以下，我们获利。整个冲高回落的过程中，我们的账面亏损只有期权权利金的损失。

Option

第 5 章

期权 & 易经

期权的出现，会让中国资本市场原有的交易模式发生翻天覆地的变化。期权会像太极一样，让中国的资本市场从原有的简单多空操作，演化出无穷尽的组合。

道家说："道生一，一生二，二生三，三生万物。"

期权也是如此。

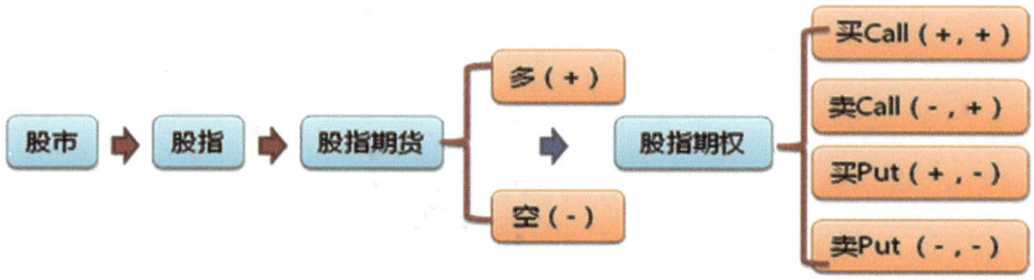

图 5–1　期权的演化

如果说股市原来只能通过一个方向做多获利，有了股指期货就有了两个方向（多、空），到了股指期权就有了四个方向。如果我们在不同的价位，同时持有股票现货、股指期货、股指期权，那么就会演化出千变万化的投资组合。

图 5–2 为期权各种组合收益曲线的结合，犹如太极图。

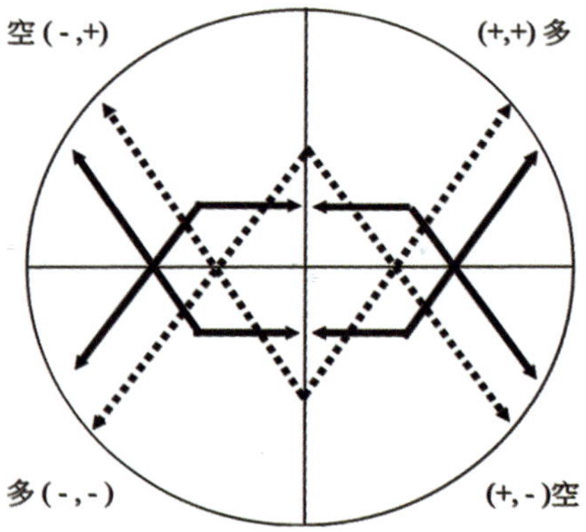

图 5–2　期权太极

如果我们把做多现货或期货定义为阳（+），买入期权定义为阳

（+），Call（看涨期权、认购期权、买权）定义为阳（+），把做空现货或期货定义为阴（–），卖出期权定义为阴（–），Put（看跌期权、认沽期权、卖权）定义为阴（–）。那么我们在同时交易现货、期货、期权时，可以得到下面的组合，见图 5–3：

图 5–3　期权阴阳组合

这就如同太极八卦一样，可以演化出无穷尽的组合。

第 6 章

期权的实战应用

这一章主要介绍各种期权策略在实际交易过程中的应用。在学过期权基础之后，我们就需要研究各种期权策略在实战中的运用，寻找稳定获利的方法。

在学习期权的实战应用之前，我们先来了解以下几个方面：一是交易的逻辑，二是交易理论，三是对投资的理解。这三个方面的探讨，或许可以帮助我们更好地理解期权的实战交易。

6.1 交易的逻辑

在了解期权的实战交易前，我们先来了解期权的交易逻辑。期权与股票、期货最大的不同就是交易的逻辑——股票、期货交易市场价格变化的过程；期权交易市场价格变化的结果。

图 6–1　股票、期货交易过程，期权交易结果

交易过程：

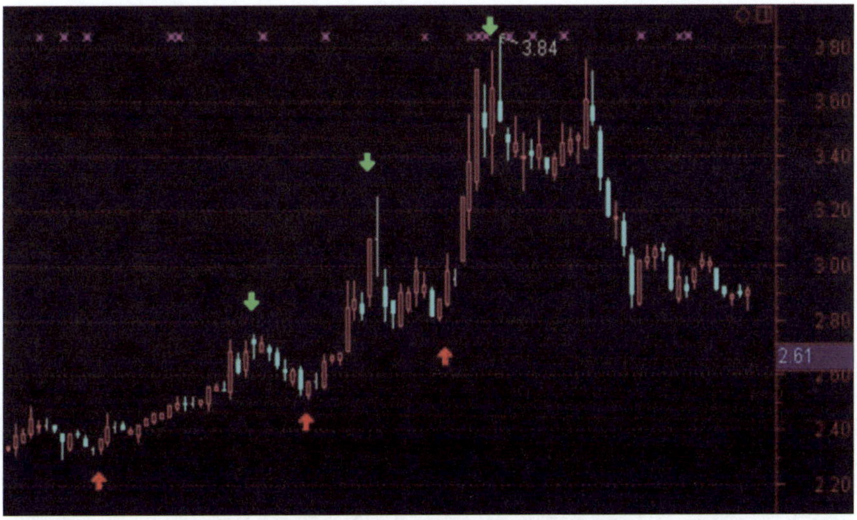

图 6-2　股票交易价格变化的过程

如图 6-2，我们在交易股票、期货的时候经常会遇到这样的价格走势，我们会在整个价格波动的过程中，选择在价格波动的低点买入、高点卖出，通过交易这个价格的波动过程来获得收益。

交易结果：

图 6-3　期权交易结果，行权或不行权

如图 6-3，期权交易的是到期的结果。在不同的行权价，不论是选择买入还是卖出，最终决定我们能否获利的是，这个期权到期能否行权。

这里简单介绍两种笔者对市场判断的交易理论，希望在做期权交易的过程中对大家判断市场有所帮助。

6.2 交易理论

能量理论：

能量总是经历积累——释放——衰竭——积累的循环过程。能量的释放总是从强大到逐渐衰竭。

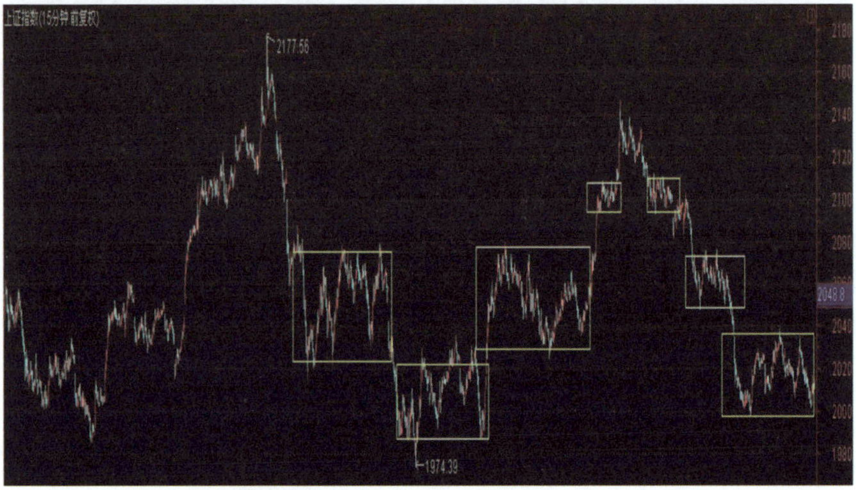

图 6–4　能量的释放

如图 6–4，市场的横盘震荡区间就是能量的积累过程，市场经历快速上涨、下跌的能量释放后，会再次进入横盘震荡区间，循环能量的积累过程。

动能理论：

价格在未受其他因素影响的前提下，按照既有结构持续运行，市场的其他结构会对价格的运行产生影响。在价格运行的过程中，其他市场机构不断对价格运行产生影响，改变价格的运行状态。我们需要关注这些对价格影响因素的强弱力度。这样有点类似于牛顿的“万有引力定律”。

图 6-5　第一宇宙速度力学原理图

如图 6-5，这是第一宇宙速度原理平面图，人类将一颗卫星送入宇宙需要足够的能量，卫星在能量释放的过程中逐步摆脱地球对它的引力，但是卫星进入宇宙空间后，还会受到月球、火星、太阳等其他星体的引力影响，不断改变着运行轨迹。

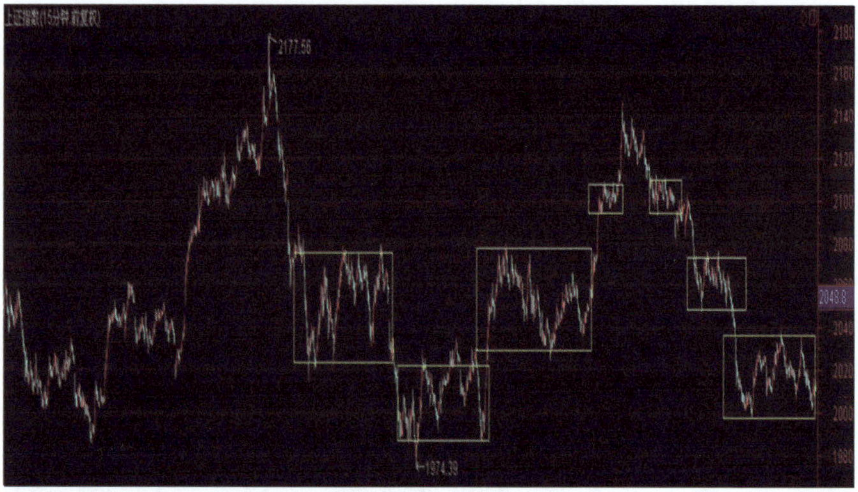

图 6–6　市场震荡区间

如图 6–6，市场价格在运行的过程中形成的这些震荡区间，就好似宇宙中的星体，对价格的运行能够产生引力影响。价格受到这些市场结构的影响，不断改变着运行状态。

6.3　对投资的理解

这一章，我想谈谈自己对投资的理解，或许对大家有所启发。我们说交易是简单的，人的思想是复杂的，如果我们能够找到一些有效稳定获利的方法，需要的只是等待机会，并坚持实践。

笔者把投资分为以下三个部分：

股票：定存
期货：程序化交易
期权：固定收益

股票定存：

如果我们能够在股票的交易中，利用自己的数据分析体系结合一定技术或交易模型，得出稳定的获利方式，剩下的只是不断坚持实践。通过人工或程序的筛选，寻找交易的机会，设定好买卖点，剩下的交给时间。这种方式像定存一样，在一个时间买入，等待一段时间后到了预期的价格卖出，定期获得收益。

期货：程序化交易

期货其实和股票类似的价格运行模式，但是由于杠杆被放大的原因，人性的弱点在这个市场里也被无限的放大了。因此，找到了稳定获利的方法，在期货市场里面需要解决的问题就是——克服人性的弱点！人总是因为贪心而急于出手，因为抱有希望、不愿认错而不肯止损，直到大额的亏损发生！不克服这些人性的弱点，即使方法有效，等机会到来的时候，由于亏损，可能本金也所剩无几。我们并不是一定要推崇程序，程序可以帮助我们规避这些人性的弱点，使我们不断实践正确的方法，带给我们回报。如果，没有程序，我们自身也可以克服这些人性的弱点，坚持实践稳定获利的方法，市场一样会奖励给我们丰厚的回报。只是这世上最难的事情是和自己的弱点做斗争。其他的困难克服起来或许更加容易，三年一小成，五年一大成。只有克服自己最难，有些人可能十年甚至更久都无法做到。一念之间，一纸之隔，或许需要的，只是一次回头。

期权：固定收益

期权的固定收益有两种理解，一种是寻找市场中的无风险利润，每一笔交易组合都能获得无风险的固定回报；另一种是在市场中扮演保险公司的角色，判断哪些期权到期最有可能不会被行权，赚取固定的权利金收益。

例如，一个虚值期权还有5~7个交易日就要到期，这时卖出一手期权的保证金为10000元，收取的权利金为200元，这个虚值期权到期变为实值期权的概率非常低，到期时这个期权仍是虚值期权，我们做这样一笔交易就能在 5~7 个交易日后获得 2% 的固定收益，一年下来符合收益就在 20% 以上。

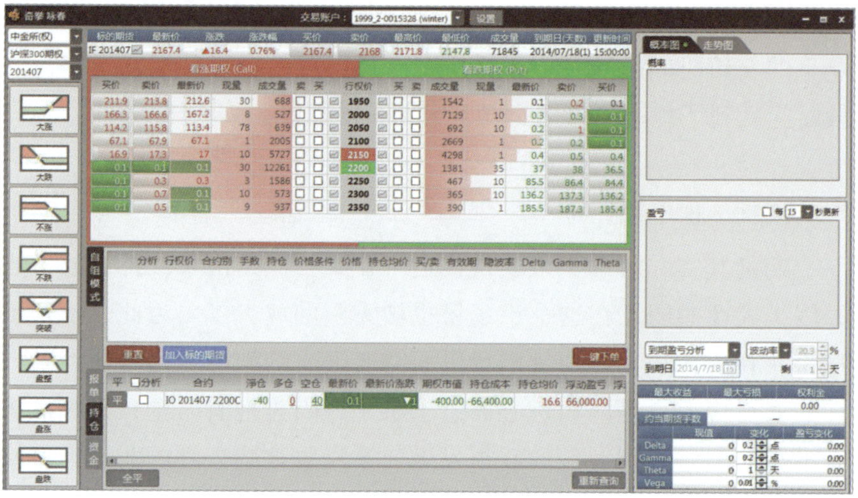

图 6–7　5 个交易日 6.6% 的收益

6.4　期权四个基本交易策略应用

这一章将主要介绍期权单一策略和期权策略组合在期权合约不同时期的交易策略。希望能够对大家有所启发，找到适合自己的期权交易方法。

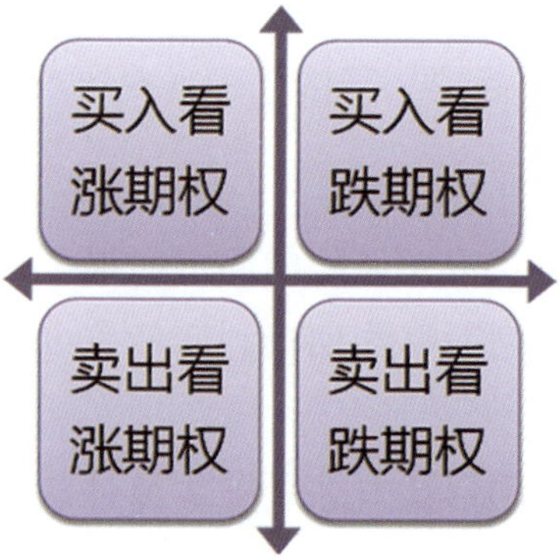

图 6–8　期权四个交易方向

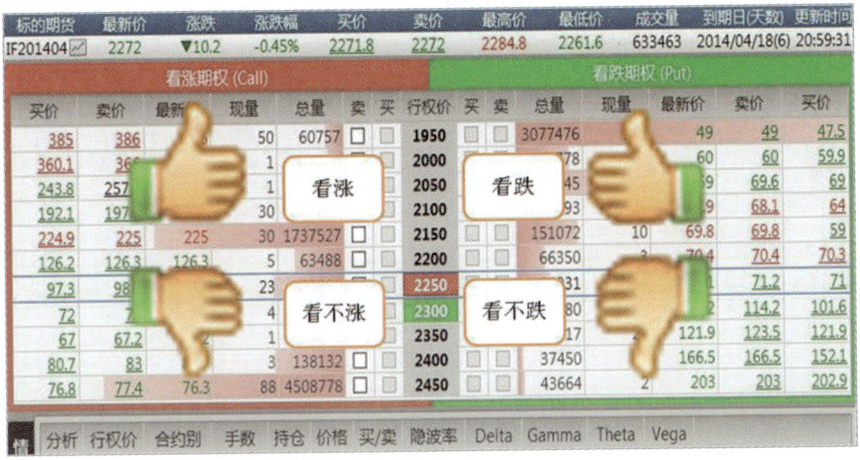

图 6–9　看涨、看跌、看不涨、看不跌

期权的四个基本方向交易策略，是我们刚接触期权交易最先要用到的交易方式，由于市场情况的不同，各种影响期权价格因素的不同，具体用法也各有差别，下面我们来逐一分析，寻找获利方法。

6.4.1　Buy Call（买入看涨期权、买入认购期权）

买入 Call 的目的是赚取内涵价值，认为市场将会大幅上涨，在上涨过程中通过期权价格的变化赚取差价，或是期权到期结算时的结算价在行权价之上，通过行权赚取内涵价值。其风险在于：距离行权到期日不同时期的时间价值不同，风险也不同。见图 6–10。

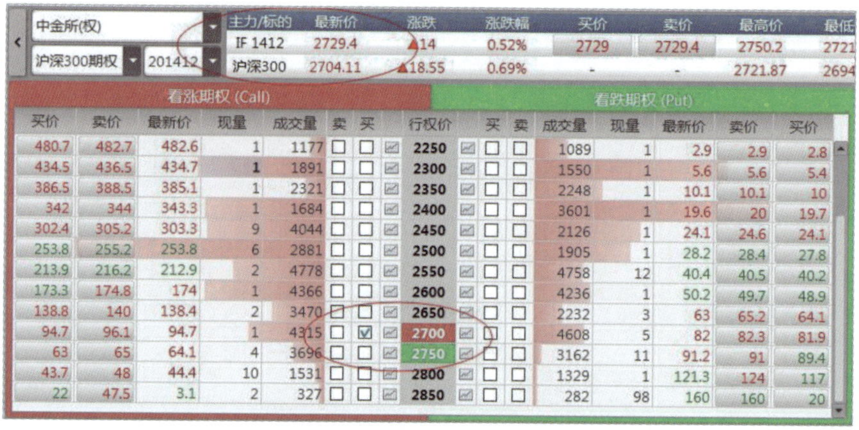

主力/标的	最新价	涨跌	涨跌幅	买价	卖价	最高价	最低
IF 1412	2729.4	▲14	0.52%	2729	2729.4	2750.2	2721
沪深300	2704.11	▲18.55	0.69%	-	-	2721.87	2694

看涨期权 (Call)								看跌期权 (Put)						
买价	卖价	最新价	现量	成交量	卖	买	行权价	买	卖	成交量	现量	最新价	卖价	买价
480.7	482.7	482.6	1	1177	☐	☐	2250	☐	☐	1089	1	2.9	2.9	2.8
434.5	436.5	434.7	1	1891	☐	☐	2300	☐	☐	1550	1	5.6	5.6	5.4
386.5	388.5	385.1	1	2321	☐	☐	2350	☐	☐	2248	1	10.1	10.1	10
342	344	343.3	1	1684	☐	☐	2400	☐	☐	3601	1	19.6	20	19.7
302.4	305.2	303.3	9	4044	☐	☐	2450	☐	☐	2126	1	24.1	24.6	24.1
253.8	255.2	253.8	6	2881	☐	☐	2500	☐	☐	1905	1	28.2	28.4	27.8
213.9	216.2	212.9	2	4778	☐	☐	2550	☐	☐	4758	12	40.4	40.5	40.2
173.3	174.8	174	1	4366	☐	☐	2600	☐	☐	4236	1	50.2	49.7	48.9
138.8	140	138.4	2	3470	☐	☐	2650	☐	☐	2232	3	63	65.2	64.1
94.7	96.1	94.7	1	4315	☐	☑	2700	☐	☐	4608	5	82	82.3	81.9
63	65	64.1	4	3696	☐	☐	2750	☐	☐	3162	11	91.2	91	89.4
43.7	48	44.4	10	1531	☐	☐	2800	☐	☐	1329	1	121.3	124	117
22	47.5	3.1	2	327	☐	☐	2850	☐	☐	282	98	160	160	20

图 6–10　买入 Call 交易分析

标的资产沪深 300 指数当时的价格是 2704.11 点，我们认为市场未来会有大幅上涨，选择买入一手行权价格为 2700 的 Call，2700 点的 Call 为平值期权。

		分析	行权价	合约别	手数	持仓	价格条件	价格	买/卖	有效期	隐波率	Delta	Gamma	Th
删		☑	2700	看涨期权	1		限价	96.1	买	ROD	32.36%	0.1783	0.0006	-1.

图 6–11　下单

盈亏平衡点以及收益曲线见图 6–12：

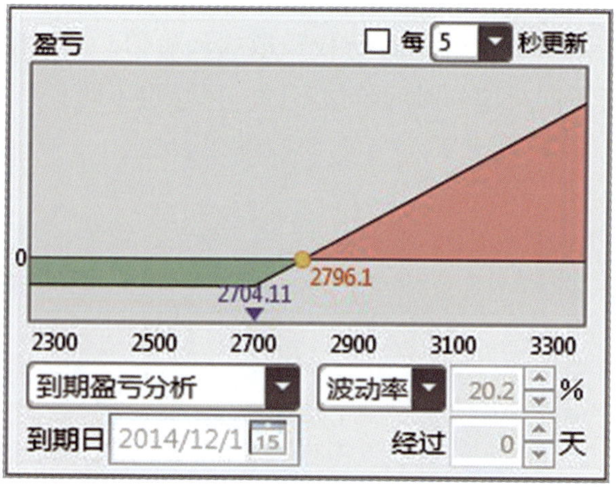

图 6–12　买入 Call 的收益曲线

期权价 = 内涵价值 + 时间价值

通过期权价格的公式我们可以知道，这个报价为 96.1 的期权 2700 Call：

$$96.1=4.1+92$$

内涵价值仅有 4.1，而时间价值却为 92，这意味着，只有最终结算到期时该合约的结算价在 2796.1 以上，我们才有盈利。这 92 的时间价值蕴含了巨大的风险。或者，在到期之前，内涵价值上涨的速度超过时间价值流失的速度我们才能盈利。

如图 6-10，我们选取不同行权价的 Call 来进行一个对比：

行权价	报价	时间价值	资金使用效率
2300	434.7	30.6	低
2500	253.8	49.7	
2600	174	69.9	中
2700	96.1	92	
2800	44.4	44.4	高

图 6-13　Call 不同行权价交易对比

通过图 6-13 的对比我们发现，随着实值期权的深度加深，时间价值在减少，这意味着越是深度实值期权时间价值的风险越小，如果我们要动过买入 Call 来做多市场，从降低时间价值风险的角度，我们应该选择深度的实值期权。

但是越是深度的实值期权，资金的使用效率越低。假设我们有一笔可以买入 1 手 2300 行权价的 Call 的资金，如果我们要做多市场，那么选择 2300 行权价的 Call 我们就只能买入 1 手，如果选择 2600 行权价的 Call 我们可以买入 2 手，选择 2700 行权价的 Call 我们可以买入 4 手，选择 2800 行权价的 Call 我们可以买入将近 10 手。

越是深度实值期权，时间价值风险越低，资金使用效率越低。接近平值期权的实值期权，时间价值风险最高，资金使用效率相对较高。接近平值期权的虚值期权，时间价值风险较高，资金使用效率较高。深度虚值期权，资金使用效率最高，时间价值风险由于行权概率的影响，相对更高，越是临近到期日，风险越大。

结 论

买入 Call 做多市场，需要综合考虑时间价值风险，资金使用效率，到期日情况，选择时间价值风险相对较低，资金使用效率相对较高的行权价进行交易，是个相对中性稳妥的选择。

时间价值风险规律中的交易技巧：

只有在临近到期时时间价值流失的速度才会非常快，这意味着，如果距离到期还有 20 天以上时，时间价值流失速度较慢。

买入综合优选的实值期权的 Call 做多市场，适用于距离到期天数较长，时间价值流失速度较慢，市场波动较大的情况。

6.4.2 Buy Put（买入看跌期权、买入认沽期权）

买入 Put 的目的是赚取内涵价值，认为市场将会大幅下跌，在下跌过程中通过期权价格的变化赚取差价，或是期权到期结算时的结算价在行权价之下，通过行权赚取内涵价值。其风险在于：距离行权到期日不同时期的时间价值不同，风险也不同。

买入 Put 做空市场的交易策略与买入 Call 做多市场的交易策略类似，我们还是做一个比较来加深对买入 Put 做空市场的理解。

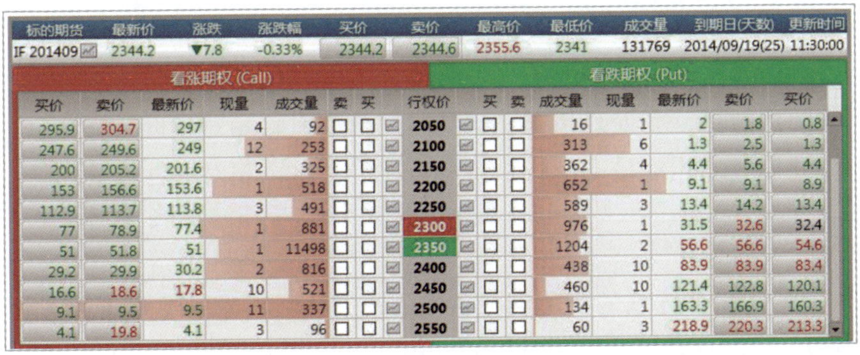

标的期货	最新价	涨跌	涨跌幅	买价	卖价	最高价	最低价	成交量	到期日(天数)	更新时间
IF 201409	2344.2	▼7.8	-0.33%	2344.2	2344.6	2355.6	2341	131769	2014/09/19(25)	11:30:00

看涨期权 (Call)						看跌期权 (Put)				
买价	卖价	最新价	现量	成交量	行权价	成交量	现量	最新价	卖价	买价
295.9	304.7	297	4	92	2050	16	1	2	1.8	0.8
247.6	249.6	249	12	253	2100	313	6	1.3	2.5	1.3
200	205.2	201.6	2	325	2150	362	4	4.4	5.6	4.4
153	156.6	153.6	1	518	2200	652	1	9.1	9.1	8.9
112.9	113.7	113.8	3	491	2250	589	3	13.4	14.2	13.4
77	78.9	77.4	1	881	2300	976	1	31.5	32.6	32.4
51	51.8	51	1	11498	2350	1204	2	56.6	56.6	54.6
29.2	29.9	30.2	2	816	2400	438	10	83.9	83.9	83.4
16.6	18.6	17.8	10	521	2450	460	10	121.4	122.8	120.1
9.1	9.5	9.5	11	337	2500	134	1	163.3	166.9	160.3
4.1	19.8	4.1	3	96	2550	60	3	218.9	220.3	213.3

图 6–14　买入 Put 交易分析

如图 6–14，标的期货最新价 2344.2，平值期权为 2350，我们选取不同行权价的 Put 来进行一个对比：

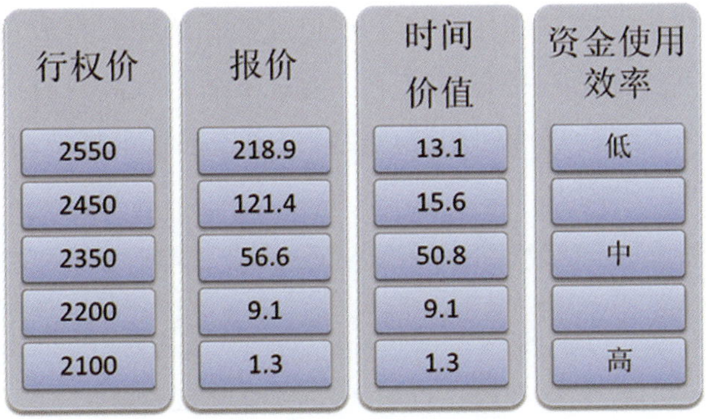

图 6–15　Put 不同行权价交易对比

与买入 Call 做多市场情况类似。

越是深度实值期权，时间价值风险越低，资金使用效率越低。接近平值期权的实值期权，时间价值风险最高，资金使用效率相对较高。接近平值期权的虚值期权，时间价值风险较高，资金使用效率较高。深度虚值期权，资金使用效率最高，时间价值风险由于行权概率的影响，相对更高，越是临近到期日，风险越大。

结 论

买入 Put 做空市场，需要综合考虑时间价值风险，资金使用效率，到期日情况，选择时间价值风险相对较低，资金使用效率相对较高的行权价进行交易，是个相对中性稳妥的选择。

买入综合优选的实值期权的 Put 做空市场，适用于距离到期天数较长，时间价值流失速度较慢，市场波动较大的情况。

6.4.3 Sell Call（卖出看涨期权、卖出认购期权）

卖出 Call 的目的是赚取时间价值，认为市场不会上涨超过所交易期权行权价，或是即使市场上涨超过开仓的期权行权价，到期结算时的结算价回落在行权价之下，通过不被行权赚取时间价值。其风险在于：不同行权价到期被行权的概率不同，市场波动幅度不同，风险也不同。见图 6–16。

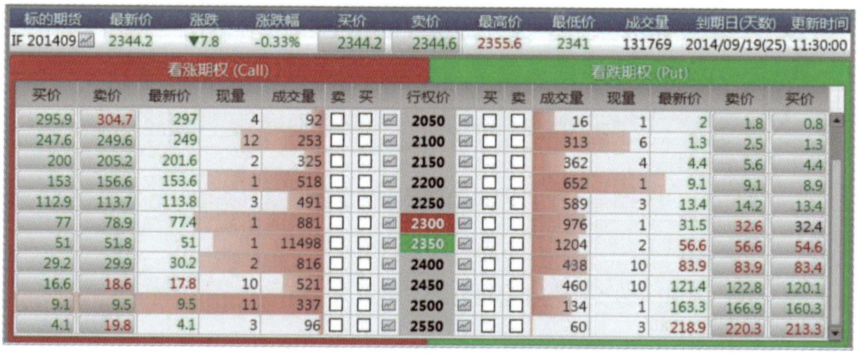

标的期货	最新价	涨跌	涨跌幅	买价	卖价	最高价	最低价	成交量	到期日(天数)	更新时间
IF 201409	2344.2	▼7.8	-0.33%	2344.2	2344.6	2355.6	2341	131769	2014/09/19(25)	11:30:00

看涨期权 (Call)							行权价	看跌期权 (Put)						
买价	卖价	最新价	现量	成交量	卖	买	行权价	买	卖	成交量	现量	最新价	卖价	买价
295.9	304.7	297	4	92			2050			16	1	2	1.8	0.8
247.6	249.6	249	12	253			2100			313	6	1.3	2.5	1.3
200	205.2	201.6	2	325			2150			362	4	4.4	5.6	4.4
153	156.6	153.6	1	518			2200			652	1	9.1	9.1	8.9
112.9	113.7	113.8	3	491			2250			589	3	13.4	14.2	13.4
77	78.9	77.4	1	881			2300			976	1	31.5	32.6	32.4
51	51.8	51	1	11498			2350			1204	2	56.6	56.6	54.6
29.2	29.9	30.2	2	816			2400			438	10	83.9	83.9	83.4
16.6	18.6	17.8	10	521			2450			460	10	121.4	122.8	120.1
9.1	9.5	9.5	11	337			2500			134	1	163.3	166.9	160.3
4.1	19.8	4.1	3	96			2550			60	3	218.9	220.3	213.3

图 6–16 卖出 Call 交易分析

标的期货当时的价格是 2344.2，我们认为市场未来会下跌，选择卖出一手行权价格为 2350 的 Call，2350 点的 Call 为平值期权。

盈亏平衡点以及收益曲线见图 6–17。

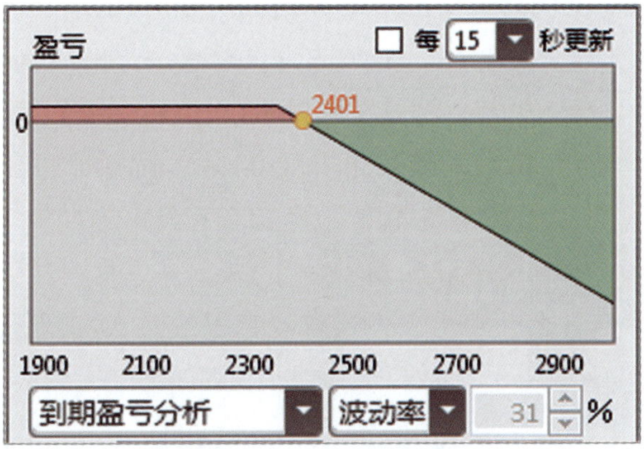

图 6–17　卖出 Call 收益曲线

期权价 = 内涵价值 + 时间价值

通过期权价格的公式我们可以知道，这个报价为 51 的期权 2350Call：

51=0+51

这意味着，如果到期结算价在 2350 以下，我们将赚取全部 51 点的时间价值。如果到期结算价在 2350 以上，只要不超过 2401 我们都可以盈利。一旦市场单边上涨，到期结算价远高于 2401 点，我们将面临巨大的亏损。

标的期货	最新价	涨跌	涨跌幅	买价	卖价	最高价	最低价	成交量	到期日(天数)	更新时间
IF 201409	2344.2	▼7.8	-0.33%	2344.2	2344.6	2355.6	2341	131769	2014/09/19(25)	11:30:00

看涨期权 (Call)								看跌期权 (Put)						
买价	卖价	最新价	现量	成交量	卖	买	行权价	买	卖	成交量	现量	最新价	卖价	买价
295.9	304.7	297	4	92	☐	☐	2050	☐	☐	16	1	2	1.8	0.8
247.6	249.6	249	12	253	☐	☐	2100	☐	☐	313	6	1.3	2.5	1.3
200	205.2	201.6	2	325	☐	☐	2150	☐	☐	362	4	4.4	5.6	4.4
153	156.6	153.6	1	518	☐	☐	2200	☐	☐	652	1	9.1	9.1	8.9
112.9	113.7	113.8	3	491	☐	☐	2250	☐	☐	589	3	13.4	14.2	13.4
77	78.9	77.4	1	881	☐	☐	2300	☐	☐	976	1	31.5	32.6	32.4
51	51.8	51	1	11498	☐	☐	2350	☐	☐	1204	2	56.6	56.6	54.6
29.2	29.9	30.2	2	816	☐	☐	2400	☐	☐	438	10	83.9	83.9	83.4
16.6	18.6	17.8	10	521	☐	☐	2450	☐	☐	460	10	121.4	122.8	120.1
9.1	9.5	9.5	11	337	☐	☐	2500	☐	☐	134	1	163.3	166.9	160.3
4.1	19.8	4.1	3	96	☐	☐	2550	☐	☐	60	3	218.9	220.3	213.3

图 6–18　卖出 Call 交易分析

我们选取不同行权价的 Call 来进行一个对比：

行权价	报价（收取的权利金）	时间价值	被行权概率
2100	249	4.8	高
2200	153.6	9.4	
2300	77.4	33.2	
2350	51	51	中
2400	30.2	30.2	
2500	9.5	9.5	低

图 6–19 Call 不同行权价交易对比

通过图 6–19 的对比我们发现，越是深度实值期权收取的权利金越多，到期被行权的概率越高。越是深度的虚值期权收取的权利金越少，到期被行权的概率越低。

另外需要注意的是，平值期权时间价值最大，深度虚值实值期权时间价值趋小。在随着每天到期日临近的过程当中，每过一个交易日，接近平值期权的时间价值流失速度更快，越是深度的虚值实值期权，时间价值的流失速度越慢。

结 论

卖 Call 做空市场，需要综合考虑收取的权利金多少，到期行权概率，时间价值流失速度。应选择到期行权概率相对较低，权利金收取相对多，时间价值流失速度相对快的 Call 进行交易。

6.4.4 Sell Put（卖出看跌期权、卖出认沽期权）

卖出 Put 与卖出 Call 类似，目的是赚取时间价值，认为市场不会下跌超过所交易期权行权价，或是即使市场下跌超过开仓的期权行权价，到期结算时的结算价上升到行权价之上，通过不被行权赚取时间价值。其风险在于：不同行权价到期被行权的概率不同，市场波动幅度不同，风险也不同。见图 6-20。

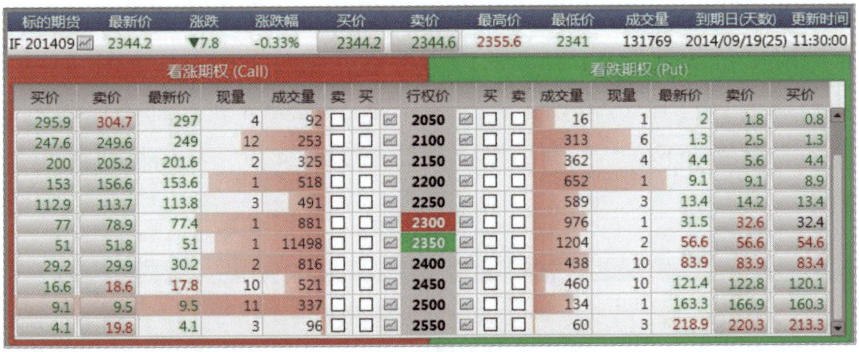

标的期货	最新价	涨跌	涨跌幅	买价	卖价	最高价	最低价	成交量	到期日(天数)	更新时间
IF 201409	2344.2	▼7.8	-0.33%	2344.2	2344.6	2355.6	2341	131769	2014/09/19(25)	11:30:00

看涨期权 (Call)								看跌期权 (Put)						
买价	卖价	最新价	现量	成交量	卖	买	行权价	买	卖	成交量	现量	最新价	卖价	买价
295.9	304.7	297	4	92	☐	☐	2050	☐	☐	16	1	2	1.8	0.8
247.6	249.6	249	12	253	☐	☐	2100	☐	☐	313	6	1.3	2.5	1.3
200	205.2	201.6	2	325	☐	☐	2150	☐	☐	362	4	4.4	5.6	4.4
153	156.6	153.6	1	518	☐	☐	2200	☐	☐	652	1	9.1	9.1	8.9
112.9	113.7	113.8	3	491	☐	☐	2250	☐	☐	589	3	13.4	14.2	13.4
77	78.9	77.4	1	881	☐	☐	2300	☐	☐	976	1	31.5	32.6	32.4
51	51.8	51	1	11498	☐	☐	2350	☐	☐	1204	2	56.6	56.6	54.6
29.2	29.9	30.2	2	816	☐	☐	2400	☐	☐	438	10	83.9	83.9	83.4
16.6	18.6	17.8	10	521	☐	☐	2450	☐	☐	460	10	121.4	122.8	120.1
9.1	9.5	9.5	11	337	☐	☐	2500	☐	☐	134	1	163.3	166.9	160.3
4.1	19.8	4.1	3	96	☐	☐	2550	☐	☐	60	3	218.9	220.3	213.3

图 6-20　卖出 Put 交易分析

标的期货当时的价格是 2344.2，我们认为市场未来不会下跌，选择卖出一手行权价格为 2350 的 Put，2350 点的 Put 为平值期权。

盈亏平衡点以及收益曲线见图 6-21。

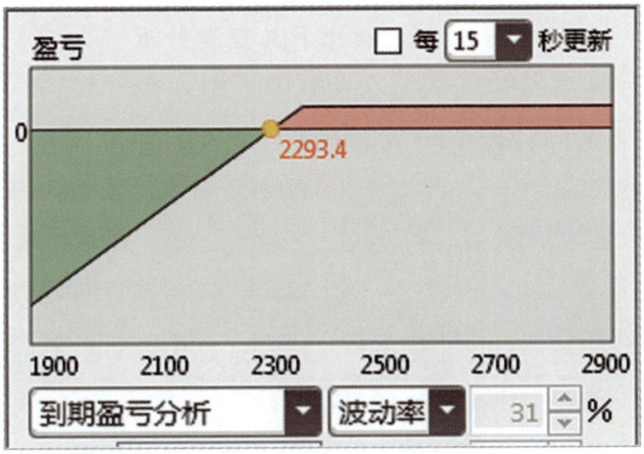

图 6-21　卖出 Put 收益曲线

期权价 = 内涵价值 + 时间价值

通过期权价格的公式我们可以知道，这个报价为 56.6 的期权 2350Put：

$$56.6=5.8+50.8$$

这意味着，如果到期结算价在2350以上，我们将赚取全部50.8点的时间价值和消失的5.8的内涵价值。盈亏平衡点为2293.4，如果到期结算价在2350以下，只要不低于2293.4我们都可以盈利。一旦市场单边下跌，到期结算价远低于2293.4点，我们将面临巨大的亏损。

标的期货	最新价	涨跌	涨跌幅	买价	卖价	最高价	最低价	成交量	到期日(天数)	更新时间
IF 201409	2344.2	▼7.8	-0.33%	2344.2	2344.6	2355.6	2341	131769	2014/09/19(25)	11:30:00

看涨期权 (Call)							行权价	看跌期权 (Put)						
买价	卖价	最新价	现量	成交量	卖	买		买	卖	成交量	现量	最新价	卖价	买价
295.9	304.7	297	4	92			2050			16	1	2	1.8	0.8
247.6	249.6	249	12	253			2100			313	6	1.3	2.5	1.3
200	205.2	201.6	2	325			2150			362	4	4.4	5.6	4.4
153	156.6	153.6	1	518			2200			652	1	9.1	9.1	8.9
112.9	113.7	113.8	3	491			2250			589	3	13.4	14.2	13.4
77	78.9	77.4	1	881			2300			976	1	31.5	32.6	32.4
51	51.8	51	1	11498			2350			1204	2	56.6	56.6	54.6
29.2	29.9	30.2	2	816			2400			438	10	83.9	83.9	83.4
16.6	18.6	17.8	10	521			2450			460	10	121.4	122.8	120.1
9.1	9.5	9.5	11	337			2500			134	1	163.3	166.9	160.3
4.1	19.8	4.1	3	96			2550			60	3	218.9	220.3	213.3

图6-22　卖出Put交易分析

我们选取不同行权价的Put来进行一个对比：

行权价	报价（收取的权利金）	时间价值	被行权概率
2500	163.3	7.5	高
2400	83.9	28.1	
2350	56.6	50.8	
2300	31.5	31.5	中
2200	9.1	9.1	
2100	1.3	1.3	低

图6-23　Put不同行权价交易对比

通过图6-23的对比我们发现，与卖出Call类似，越是深度实值期权收取的权利金越多，到期被行权的概率越高。越是深度的虚值期权收取的权利金越少，到期被行权的概率越低。

另外需要注意的是，平值期权时间价值最大，深度虚值实值期权时间价值趋小。在随着每天到期日临近的过程当中，每过一个交易日，接近平值期权的时间价值流失速度更快，越是深度的虚值实值期权，时间价值的流失速度越慢。

结 论

卖出 Put 做多市场，需要综合考虑收取的权利金多少，到期行权概率，时间价值流失速度。应选择到期行权概率相对较低，权利金收取相对多，时间价值流失速度相对快的 Put 进行交易。

6.5 当月合约不同时期交易策略应用

上一章我们所讲的 4 个单向期权策略，主要寻找的获利机会有两点：

1. 赚取时间价值。
2. 把期权当期货来用，放大杠杆，赚取内涵价值。

我们发现距离到期日的不同时期，时间价值在不同行权价上的变化不同，寻找出不同时期时间价值变化的规律，可以帮助我们在当月合约不同时间周期的不同行权价上找到交易机会。

根据交易所的规定，当一个下月合约转变成当月合约时，最长的距离到期天数为 32 天。我们可以把这个时间周期分成 4 个阶段，研究不同阶段时间价值的变化情况，找出不同时期适用的交易策略和交易机会。

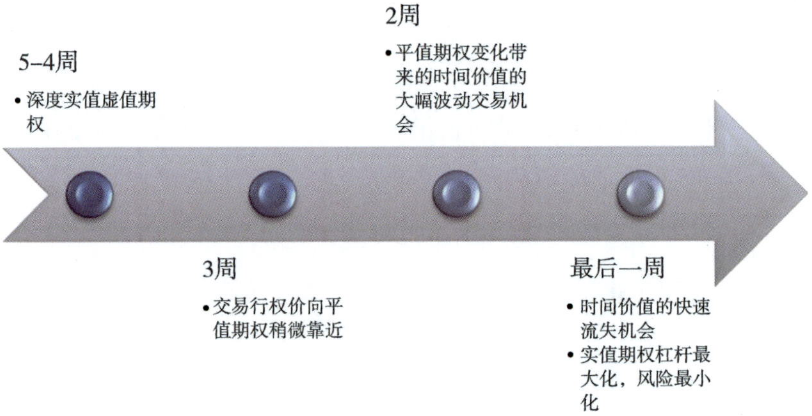

图 6-24　不同时间周期交易机会

5-4 周的适合策略：

· 卖出深度虚值期权赚取时间价值

· 买入深度实值期权赚取内涵价值

3 周的适合策略：

· 卖出相对深度的虚值期权赚取时间价值，交易行权价稍微向平值期权靠近

· 买入深度实值期权赚取内涵价值

2 周的适合策略：

· 靠近平值期权附近的虚值期权和实值期权相互转化，时间价值和内涵价值大幅波动。

· 买入靠近平值期权的行权价的虚值或实值期权，赚取时间价值和内涵价值大幅波动的期权价格变化。

· 卖出靠近平值期权附近的虚值或实值期权，赚取快速流失的时间价值。

最后一周的适合策略：

· 寻找平值期权附近，时间价值快速流失的交易机会；

· 寻找时间价值最小、最靠近平值期权的实值期权，寻求实值期权杠杆最大化，风险最小化的交易机会。

6.6 当月合约实盘案例及分析应用

这一节我们主要通过实盘案例的逐一分析，帮助大家学习和练习以上所学的交易技巧。除了运用前面的交易技巧，本节我们还有三个重点需要大家观察掌握，即：

1. 寻找无风险的交易机会；

2. 转仓：了解转仓的概念，学会转仓的应用；

3. 对市场同样判断下的最优策略。

6.6.1 IO1409 合约

标的期货	最新价	涨跌	涨跌幅	买价	卖价	最高价	最低价	成交量	到期日(天数)	更新时间
IF 201409	2344.2	▼7.8	-0.33%	2344.2	2344.6	2355.6	2341	131769	2014/09/19(25)	11:30:00

看涨期权 (Call)								看跌期权 (Put)						
买价	卖价	最新价	现量	成交量	卖	买	行权价	买	卖	成交量	现量	最新价	卖价	买价
295.9	304.7	297	4	92	☐	☐	2050	☐	☐	16	1	2	1.8	0.8
247.6	249.6	249	12	253	☐	☐	2100	☐	☐	313	6	1.3	2.5	1.3
200	205.2	201.6	2	325	☐	☐	2150	☐	☐	362	4	4.4	5.6	4.4
153	156.6	153.6	1	518	☐	☐	2200	☐	☐	652	1	9.1	9.1	8.9
112.9	113.7	113.8	3	491	☐	☐	2250	☐	☐	589	3	13.4	14.2	13.4
77	78.9	77.4	1	881	☐	☐	2300	☐	☐	976	1	31.5	32.6	32.4
51	51.8	51	1	11498	☐	☐	2350	☐	☐	1204	2	56.6	56.6	54.6
29.2	29.9	30.2	2	816	☐	☐	2400	☐	☐	438	10	83.9	83.9	83.4
16.6	18.6	17.8	10	521	☐	☐	2450	☐	☐	460	10	121.4	122.8	120.1
9.1	9.5	9.5	11	337	☐	☐	2500	☐	☐	134	1	163.3	166.9	160.3
4.1	19.8	4.1	3	96	☐	☐	2550	☐	☐	60	3	218.9	220.3	213.3

图 6-25 8 月 26 日，距离到期 25 天

标的期货	最新价	涨跌	涨跌幅	买价	卖价	最高价	最低价	成交量	到期日(天数)	更新时间
IF 201409	2342.8	▲8.2	0.35%	2342.6	2342.8	2347.2	2332.2	105505	2014/09/19(24)	11:30:00

看涨期权 (Call)								看跌期权 (Put)						
买价	卖价	最新价	现量	成交量	卖	买	行权价	买	卖	成交量	现量	最新价	卖价	买价
295.1	297.1	298.8	12	281			2050			49	2	2.1	2.8	0.4
246.3	248.3	249	10	238			2100			299	12	3.2	4.2	1.2
199.5	201.5	201	1	221			2150			346	2	5.9	6.3	5.3
152.6	154.6	154.1	11	357			2200			582	10	10	10.2	10
111.8	113.8	112.1	10	446			2250			803	1	19.2	19.4	19.2
77.3	78.8	78.8	4	391			2300			632	1	34	33.4	33
48.6	49.2	49.2	5	7480			2350			700	2	55.6	56.1	54.9
27.3	28.5	28.5	4	783			2400			276	1	82.1	84.8	82.4
10.1	17	14.8	9	423			2450			310	6	118.7	121	118
8.8	9.5	9	20	814			2500			396	10	163.3	166.3	160.1
2.5	4	2.3	9	126			2550			46	1	206.8	218.8	205.2

图 6-26　8 月 27 日，距离到期 24 天

标的期货	最新价	涨跌	涨跌幅	买价	卖价	最高价	最低价	成交量	到期日(天数)	更新时间
IF 201409	2325.8	▼10.2	-0.44%	2325.8	2326	2343.6	2325.8	127023	2014/09/19(23)	13:00:03

看涨期权 (Call)							行权价	看跌期权 (Put)						
买价	卖价	最新价	现量	成交量	卖	买		买	卖	成交量	现量	最新价	卖价	买价
279.4	280.2	281.9	10	22	□	□	2050	□	□	137	10	1.4	1.3	1.1
230.7	232.5	236.5	7	61	□	□	2100	□	□	399	10	2.6	2.6	2.4
183.6	185.4	185.4	5	179	□	□	2150	□	□	644	10	5.2	5.2	5
138	139	138.9	1	272	□	□	2200	□	□	639	11	9.6	9.7	9.1
97.6	99.2	98.3	3	300	□	□	2250	□	□	770	10	19.5	20	19.3
64.8	65.5	66.4	7	430	□	□	2300	□	□	459	10	35.3	36.6	35.2
38.5	40.5	38.5	3	6290	□	□	2350	□	□	355	3	60.2	60.2	59.6
21.1	22	21.2	10	433	□	□	2400	□	□	456	10	88.6	92.6	90.5
10.3	10.9	10.5	12	781	□	□	2450	□	□	371	3	128.8	131.6	129.8
5.3	7	5.3	3	590	□	□	2500	□	□	217	7	175.3	179	174.6
1.9	3.2	2.6	10	245	□	□	2550	□	□	4	1	211.1	223.7	221.5

图 6-27　8 月 28 日，距离到期 23 天

标的期货	最新价	涨跌	涨跌幅	买价	卖价	最高价	最低价	成交量	到期日(天数)	更新时间
IF 201409	2336.4	▲4.6	0.20%	2336.4	2336.6	2340	2328.4	113691	2014/09/19(22)	13:10:17

看涨期权 (Call)							行权价	看跌期权 (Put)						
买价	卖价	最新价	现量	成交量	卖	买		买	卖	成交量	现量	最新价	卖价	买价
287	289	289	3	296			2050			348	1	1.7	1.8	1.5
239.1	241.1	239.3	2	292			2100			749	2	2.1	2.2	1.8
189.1	189.4	191.1	3	193			2150			870	3	3.9	3.9	3.6
142.3	142.6	142.6	6	149			2200			1142	6	6.2	6.5	6.1
99.5	101.4	101.3	3	168			2250			458	3	13.3	14.9	13.3
66.6	68.4	68.8	3	216			2300			469	3	29.5	30	29.5
40	40.5	40.6	6	4423			2350			504	6	53.9	54.5	53.2
23.5	24	23.5	3	387			2400			194	3	88.9	89.1	86.6
12.6	13.9	13.5	3	404			2450			122	2	124	126.9	123.9
5.6	6.7	6.2	1	1584			2500			115	6	164.8	170.6	164.8
2.5	5.5	2.5	1	935			2550			153	10	212.7	219	211.7

图 6-28　8 月 29 日，距离到期 22 天

标的期货	最新价	涨跌	涨跌幅	买价	卖价	最高价	最低价	成交量	到期日(天数)	更新时间
IF 201409	2350.4	▲3	0.13%	2350	2350.4	2360	2342.2	186743	2014/09/19(19)	15:15:00

看涨期权 (Call)								看跌期权 (Put)						
买价	卖价	最新价	现量	成交量	卖	买	行权价	买	卖	成交量	现量	最新价	卖价	买价
300.4	301.9	303	1	171	□	□	2050	□	□	80	1	0.8	1	0.7
251.1	252.3	253.6	1	210	□	□	2100	□	□	228	1	1.2	1.4	1
202.1	203.6	204.9	1	269	□	□	2150	□	□	442	10	2.1	2.4	2
154.2	156	156.8	3	728	□	□	2200	□	□	1171	5	3.8	4.4	4
109.6	111.1	110	3	348	□	□	2250	□	□	448	10	9.3	9.3	8.8
72.5	73.6	73	10	624	□	□	2300	□	□	1478	5	22.5	23	22.7
43.7	44.6	43.7	10	9348	□	□	2350	□	□	1240	10	42.2	44.6	43.6
24.2	24.9	24.9	4	1638	□	□	2400	□	□	771	1	71.4	74	73.4
12	12.4	12.2	4	940	□	□	2450	□	□	424	10	109.5	113.1	110.8
6.4	6.9	6.5	3	1313	□	□	2500	□	□	753	1	156	158.3	155.7
3.4	3.9	3.9	10	421	□	□	2550	□	□	371	1	204.4	208.4	202.8

图 6-29　9 月 1 日，距离到期 19 天

标的期货	最新价	涨跌	涨跌幅	买价	卖价	最高价	最低价	成交量	到期日(天数)	更新时间
IF 201409	2354.2	▲2.2	0.09%	2354	2354.2	2356.8	2347.8	106835	2014/09/19(18)	11:29:59

看涨期权 (Call)						看跌期权 (Put)				
买价	卖价	最新价	现量	成交量	行权价	成交量	现量	最新价	卖价	买价
305	305.6	305	3	181	2050	146	3	1	1	0.7
254.9	256.9	254.6	1	90	2100	739	100	1.2	1.4	1.2
205.2	207.2	205.2	1	273	2150	354	1	2.3	2.2	2
155.8	157.8	154.8	1	932	2200	1923	4	3.6	3.7	3.3
108.9	110.9	107.7	3	599	2250	1336	10	5.6	5.6	5.2
68	70	68.5	3	683	2300	998	3	15.5	15.9	15.5
40.2	41.1	41.1	6	5411	2350	1379	6	37.6	37.7	37.6
18.5	19.1	18.6	1	1457	2400	521	1	66	66.5	64
8	8.3	8	1	1023	2450	228	3	104.7	104.5	101.6
5	5.2	5.1	11	2593	2500	159	3	151.2	154	147.6
3.1	4	3.3	1	343	2550	15	1	202.7	250.3	197.9

图 6–30　9 月 2 日，距离到期 18 天

标的期货	最新价	涨跌	涨跌幅	买价	卖价	最高价	最低价	成交量	到期日(天数)	更新时间
IF 201409	2411.6	▲25	1.05%	2411.6	2411.8	2424.8	2390.4	185232	2014/09/19(17)	11:30:00

看涨期权 (Call)								行权价				看跌期权 (Put)				
买价	卖价	最新价	现量	成交量	卖	买		行权价		买	卖	成交量	现量	最新价	卖价	买价
356.6	379.4	362.5	1	330	□	□		2050		□	□	32	1	0.6	1	0.1
290.2	325.9	312.3	1	272	□	□		2100		□	□	312	1	0.6	1.5	0.5
245.7	270.9	264.4	8	841	□	□		2150		□	□	484	10	0.8	1.1	0.5
198.7	228.8	214	1	737	□	□		2200		□	□	3978	1	0.6	0.9	0.6
159.9	164.2	164.3	1	1281	□	□		2250		□	□	1546	2	0.8	0.9	0.7
113.9	117.3	113.9	2	874	□	□		2300		□	□	1965	10	2.5	2.7	2.6
68.5	69.8	70.2	1	6610	□	□		2350		□	□	3841	1	9.1	9.5	9
36	38.8	38.1	3	4376	□	□		2400		□	□	1271	1	26.6	27.7	24.7
11.8	14.4	11.9	9	2249	□	□		2450		□	□	764	1	49.2	53.2	50.2
5.5	7.7	5.6	1	2025	□	□		2500		□	□	333	1	87.9	97.5	81.4
2.5	2.9	2.9	4	688	□	□		2550		□	□	117	1	141.7	215.3	131.7

图 6-31　9 月 3 日，距离到期 17 天

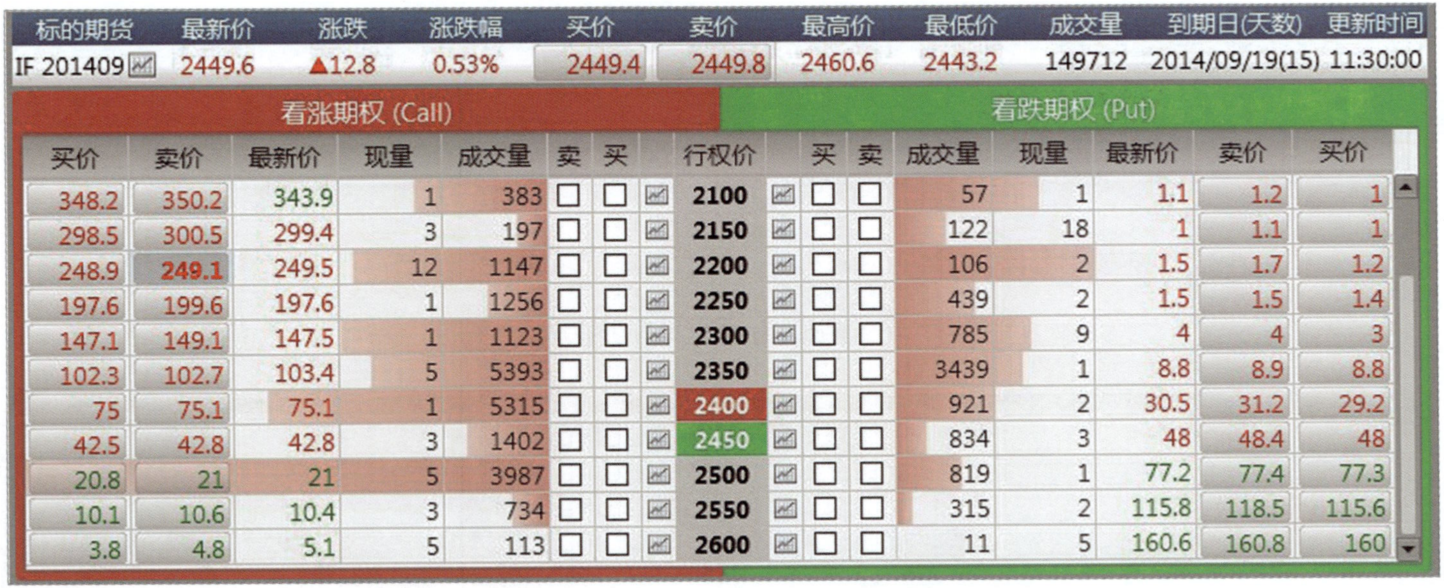

标的期货	最新价	涨跌	涨跌幅	买价	卖价	最高价	最低价	成交量	到期日(天数)	更新时间
IF 201409	2449.6	▲12.8	0.53%	2449.4	2449.8	2460.6	2443.2	149712	2014/09/19(15)	11:30:00

看涨期权 (Call)												看跌期权 (Put)				
买价	卖价	最新价	现量	成交量	卖	买		行权价		买	卖	成交量	现量	最新价	卖价	买价
348.2	350.2	343.9	1	383	☐	☐		2100		☐	☐	57	1	1.1	1.2	1
298.5	300.5	299.4	3	197	☐	☐		2150		☐	☐	122	18	1	1.1	1
248.9	249.1	249.5	12	1147	☐	☐		2200		☐	☐	106	2	1.5	1.7	1.2
197.6	199.6	197.6	1	1256	☐	☐		2250		☐	☐	439	2	1.5	1.5	1.4
147.1	149.1	147.5	1	1123	☐	☐		2300		☐	☐	785	9	4	4	3
102.3	102.7	103.4	5	5393	☐	☐		2350		☐	☐	3439	1	8.8	8.9	8.8
75	75.1	75.1	1	5315	☐	☐		2400		☐	☐	921	2	30.5	31.2	29.2
42.5	42.8	42.8	3	1402	☐	☐		2450		☐	☐	834	3	48	48.4	48
20.8	21	21	5	3987	☐	☐		2500		☐	☐	819	1	77.2	77.4	77.3
10.1	10.6	10.4	3	734	☐	☐		2550		☐	☐	315	2	115.8	118.5	115.6
3.8	4.8	5.1	5	113	☐	☐		2600		☐	☐	11	5	160.6	160.8	160

图 6-32　9 月 5 日 11：30，距离到期 15 天

标的期货	最新价	涨跌	涨跌幅	买价	卖价	最高价	最低价	成交量	到期日(天数)	更新时间
IF 201409	2445.2	▲32.6	1.35%	2445	2445.2	2445.2	2411.2	250611	2014/09/19(15)	16:13:47

看涨期权 (Call)						看跌期权 (Put)				
买价	卖价	最新价	现量	成交量	行权价	成交量	现量	最新价	卖价	买价
392.7	403.4	390.3	3	435	2050	578	4	0.3	0.3	0.1
343.1	353.4	344.5	1	832	2100	1218	1	0.6	0.8	0.5
292.9	303.4	291.2	1	867	2150	427	1	0.4	48.9	0.4
242.9	253.6	242	3	435	2200	532	1	1.1	1	0.6
192.8	194.4	189.8	6	1624	2250	2224	16	0.3	0.8	0.3
145.2	147	146.3	2	2229	2300	2787	3	3	3.5	2.6
93	94	94	1	10297	2350	8651	1	4	4	3.8
67.5	68.9	67.5	3	11159	2400	3005	3	25	24.7	22.8
38.1	39.7	39.7	3	2607	2450	1278	3	45.5	48.1	45.5
23.8	26.3	26.4	1	5828	2500	868	1	80.6	83.4	79.8
11.8	15.1	11.2	1	1020	2550	445	2	124.4	122.1	120

图 6–33　9 月 5 日收盘

标的期货	最新价	涨跌	涨跌幅	买价	卖价	最高价	最低价	成交量	到期日(天数)	更新时间
IF 201409	2450.6	▼15.8	-0.64%	2450.4	2450.6	2473.2	2449.2	116569	2014/09/19(11)	11:30:00

看涨期权 (Call)								看跌期权 (Put)						
买价	卖价	最新价	现量	成交量	卖	买	行权价	买	卖	成交量	现量	最新价	卖价	买价
350.7	352.7	352.4	1	730	□	□	2100	□	□	355	3	0.6	1	0.4
301.3	301.6	301.1	1	1417	□	□	2150	□	□	161	1	1.1	1.1	1
251	253	250.9	10	435	□	□	2200	□	□	155	1	1.2	1.5	0.6
201	203	201.5	1	996	□	□	2250	□	□	285	2	0.1	1.7	0.1
152.5	153.9	151.3	1	1630	□	□	2300	□	□	3414	10	1.1	1.1	1
106	106.1	106	2	2683	□	□	2350	□	□	4238	10	3.7	3.9	3.6
68.2	69.7	68.6	1	2517	□	□	2400	□	□	2102	1	17.1	17.2	17
33.1	33.5	33.1	6	2380	□	□	2450	□	□	1438	1	30.7	32	30.5
10.5	11.5	10.7	1	2431	□	□	2500	□	□	1130	1	57.4	59.2	59
1.5	25.3	4.7	15	1184	□	□	2550	□	□	586	10	104.1	110.1	92.6
2.8	6	6	1	182	□	□	2600	□	□	114	1	146.5	275	0.2

图 6-34　9 月 9 日，距离到期 11 天

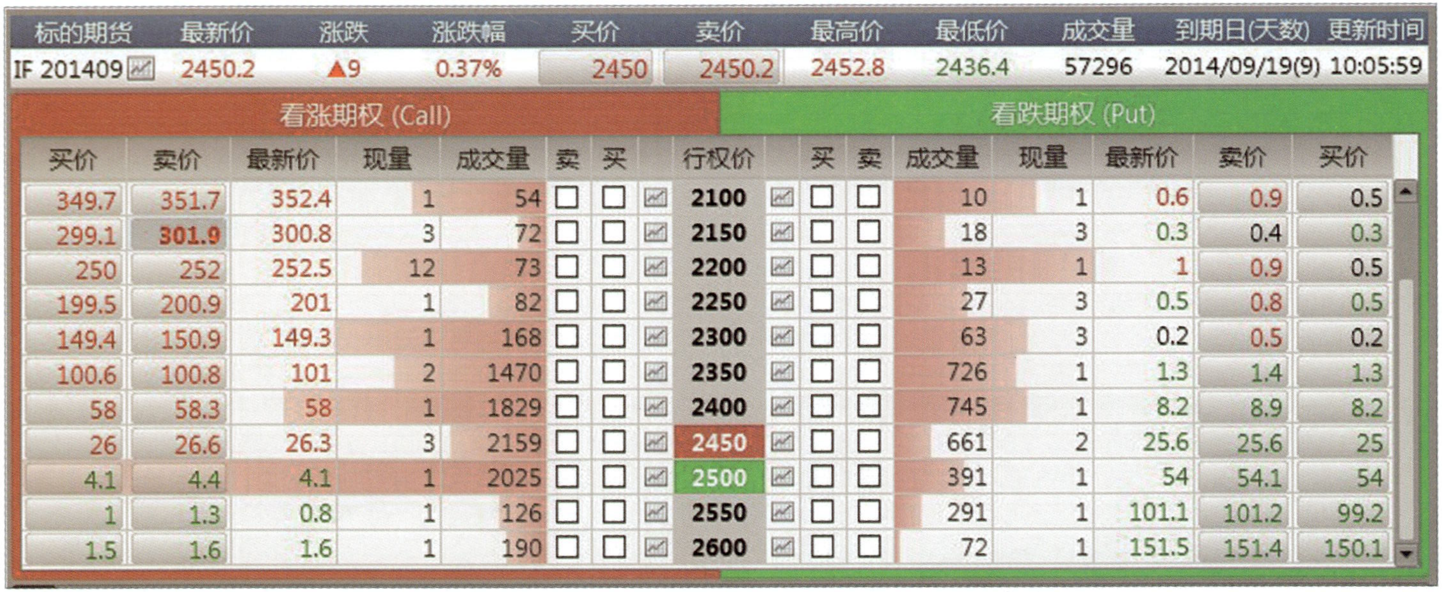

标的期货	最新价	涨跌	涨跌幅	买价	卖价	最高价	最低价	成交量	到期日(天数)	更新时间
IF 201409	2450.2	▲9	0.37%	2450	2450.2	2452.8	2436.4	57296	2014/09/19(9)	10:05:59

看涨期权 (Call)							行权价	看跌期权 (Put)						
买价	卖价	最新价	现量	成交量	卖	买	行权价	买	卖	成交量	现量	最新价	卖价	买价
349.7	351.7	352.4	1	54	□	□	2100	□	□	10	1	0.6	0.9	0.5
299.1	301.9	300.8	3	72	□	□	2150	□	□	18	3	0.3	0.4	0.3
250	252	252.5	12	73	□	□	2200	□	□	13	1	1	0.9	0.5
199.5	200.9	201	1	82	□	□	2250	□	□	27	3	0.5	0.8	0.5
149.4	150.9	149.3	1	168	□	□	2300	□	□	63	3	0.2	0.5	0.2
100.6	100.8	101	2	1470	□	□	2350	□	□	726	1	1.3	1.4	1.3
58	58.3	58	1	1829	□	□	2400	□	□	745	1	8.2	8.9	8.2
26	26.6	26.3	3	2159	□	□	2450	□	□	661	2	25.6	25.6	25
4.1	4.4	4.1	1	2025	□	□	2500	□	□	391	1	54	54.1	54
1	1.3	0.8	1	126	□	□	2550	□	□	291	1	101.1	101.2	99.2
1.5	1.6	1.6	1	190	□	□	2600	□	□	72	1	151.5	151.4	150.1

图 6-35　9 月 11 日 10：05，距离到期 9 天

标的期货	最新价	涨跌	涨跌幅	买价	卖价	最高价	最低价	成交量	到期日(天数)	更新时间
IF 201409 📈	2419	▼22.2	-0.91%	2418.8	2419	2478.6	2418.2	376205	2014/09/19(9)	15:15:00

看涨期权 (Call)													看跌期权 (Put)					
买价	卖价	最新价	现量	成交量	卖	买		行权价		买	卖	成交量	现量	最新价	卖价	买价
319.4	321.9	328.1	2	640	□	□	📈	2100	📈	□	□	533	1	0.5	0.6	0.3
269.4	272	279	6	445	□	□	📈	2150	📈	□	□	390	1	0.6	0.6	0.3
220.4	222.1	221.9	3	863	□	□	📈	2200	📈	□	□	620	9	0.8	0.8	0.5
171.4	172.6	176.7	2	437	□	□	📈	2250	📈	□	□	960	5	0.7	0.9	0.5
121.1	123.3	121.5	3	1690	□	□	📈	2300	📈	□	□	701	3	1.2	1.3	0.9
75.8	77.7	76.9	10	5048	□	□	📈	2350	📈	□	□	3431	1	5.5	5.6	5.2
45.6	50.5	46.1	1	8297	□	□	📈	2400	📈	□	□	7046	1	25.5	26.5	25.5
18.7	19.5	18.2	6	6610	□	□	📈	2450	📈	□	□	3864	10	47.7	50.7	46.6
3.7	4.7	3.7	13	4298	□	□	📈	2500	📈	□	□	2572	6	83.5	84.2	83.3
0.2	1	0.6	1	703	□	□	📈	2550	📈	□	□	1727	3	130	132.4	129.3
0.7	0.9	0.8	1	705	□	□	📈	2600	📈	□	□	506	1	180.9	182.7	179.1

图 6–36　9 月 11 日收盘

标的期货	最新价	涨跌	涨跌幅	买价	卖价	最高价	最低价	成交量	到期日(天数)	更新时间
IF 201409	2428.2	▲3.8	0.16%	2428.2	2428.4	2430.6	2413	122715	2014/09/19(8)	11:30:00

看涨期权 (Call)							行权价	看跌期权 (Put)						
买价	卖价	最新价	现量	成交量	卖	买		买	卖	成交量	现量	最新价	卖价	买价
250	442.8	329.3	1	103	☐	☐	2100	☐	☐	19	1	0.2	0.5	0.2
200	376.9	275.9	10	112	☐	☐	2150	☐	☐	21	2	0.2	0.7	0.2
224	322.5	229.1	5	215	☐	☐	2200	☐	☐	96	1	0.5	0.7	0.5
100	240	178.7	5	219	☐	☐	2250	☐	☐	27	3	0.3	0.7	0.3
101.6	133.5	129.2	1	476	☐	☐	2300	☐	☐	358	2	0.8	1	0.8
82.4	84	82.4	6	909	☐	☐	2350	☐	☐	794	1	3.1	3.5	3
48.5	48.8	48.5	10	2157	☐	☐	2400	☐	☐	2646	2	18	18.5	16.2
18.9	19	18.8	3	1889	☐	☐	2450	☐	☐	1988	3	40	39.8	39.3
3.8	4.4	4.1	6	1299	☐	☐	2500	☐	☐	1563	10	75.6	75.1	71.6
0.6	0.7	0.5	1	172	☐	☐	2550	☐	☐	334	1	120.5	191.4	70
0.1	1.5	1.2	3	445	☐	☐	2600	☐	☐	56	3	174.6	345	171.4

图 6–37　9 月 12 日，距离到期 8 天

6.6.2 IO1410 合约

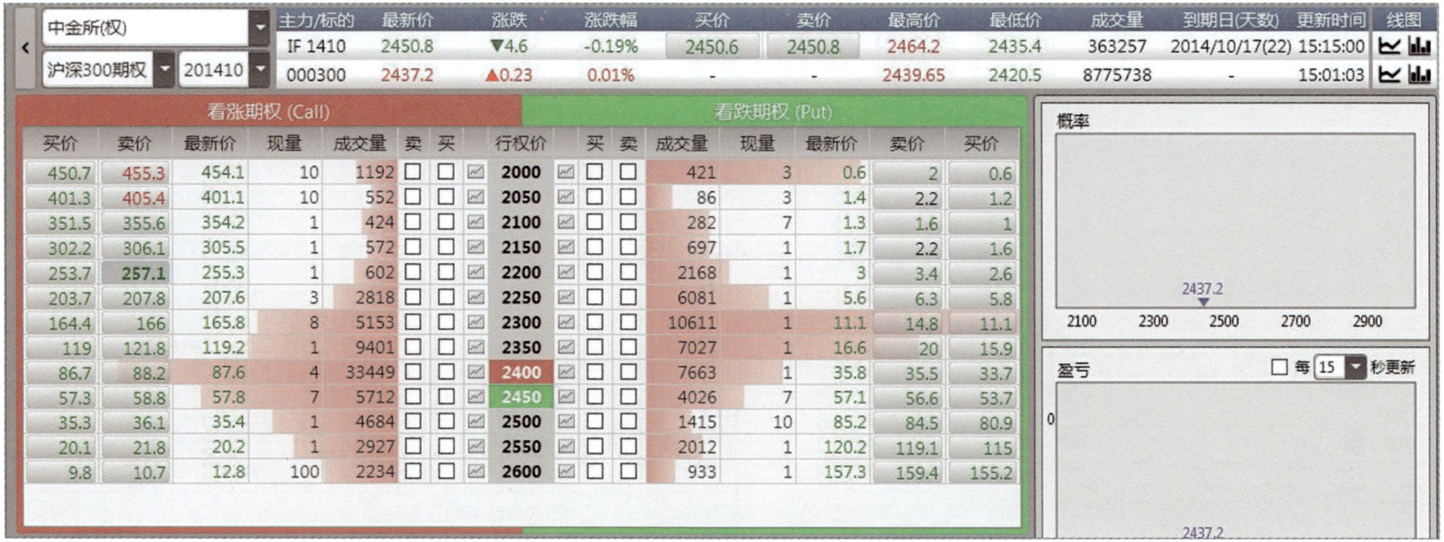

中金所(权) | 沪深300期权 | 201410

主力/标的	最新价	涨跌	涨跌幅	买价	卖价	最高价	最低价	成交量	到期日(天数)	更新时间
IF 1410	2450.8	▼4.6	-0.19%	2450.6	2450.8	2464.2	2435.4	363257	2014/10/17(22)	15:15:00
000300	2437.2	▲0.23	0.01%	-	-	2439.65	2420.5	8775738	-	15:01:03

看涨期权 (Call)						看跌期权 (Put)				
买价	卖价	最新价	现量	成交量	行权价	成交量	现量	最新价	卖价	买价
450.7	455.3	454.1	10	1192	2000	421	3	0.6	2	0.6
401.3	405.4	401.1	10	552	2050	86	3	1.4	2.2	1.2
351.5	355.6	354.2	1	424	2100	282	7	1.3	1.6	1
302.2	306.1	305.5	1	572	2150	697	1	1.7	2.2	1.6
253.7	257.1	255.3	1	602	2200	2168	1	3	3.4	2.6
203.7	207.8	207.6	3	2818	2250	6081	1	5.6	6.3	5.8
164.4	166	165.8	8	5153	2300	10611	1	11.1	14.8	11.1
119	121.8	119.2	1	9401	2350	7027	1	16.6	20	15.9
86.7	88.2	87.6	4	33449	2400	7663	1	35.8	35.5	33.7
57.3	58.8	57.8	7	5712	2450	4026	7	57.1	56.6	53.7
35.3	36.1	35.4	1	4684	2500	1415	10	85.2	84.5	80.9
20.1	21.8	20.2	1	2927	2550	2012	1	120.2	119.1	115
9.8	10.7	12.8	100	2234	2600	933	1	157.3	159.4	155.2

图 6-38　9 月 26 日，距离到期 22 天

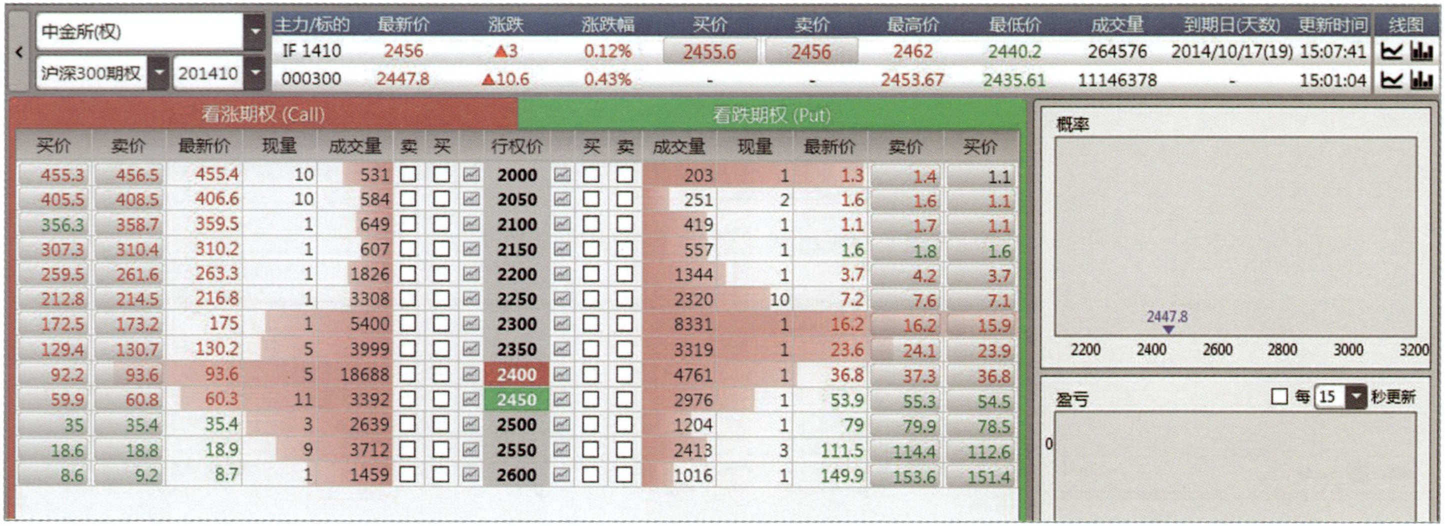

买价	卖价	最新价	现量	成交量	行权价	成交量	现量	最新价	卖价	买价
455.3	456.5	455.4	10	531	2000	203	1	1.3	1.4	1.1
405.5	408.5	406.6	10	584	2050	251	2	1.6	1.6	1.1
356.3	358.7	359.5	1	649	2100	419	1	1.1	1.7	1.1
307.3	310.4	310.2	1	607	2150	557	1	1.6	1.8	1.6
259.5	261.6	263.3	1	1826	2200	1344	1	3.7	4.2	3.7
212.8	214.5	216.8	1	3308	2250	2320	10	7.2	7.6	7.1
172.5	173.2	175	1	5400	2300	8331	1	16.2	16.2	15.9
129.4	130.7	130.2	5	3999	2350	3319	1	23.6	24.1	23.9
92.2	93.6	93.6	5	18688	2400	4761	1	36.8	37.3	36.8
59.9	60.8	60.3	11	3392	2450	2976	1	53.9	55.3	54.5
35	35.4	35.4	3	2639	2500	1204	1	79	79.9	78.5
18.6	18.8	18.9	9	3712	2550	2413	3	111.5	114.4	112.6
8.6	9.2	8.7	1	1459	2600	1016	1	149.9	153.6	151.4

图 6-39　9 月 29 日，距离到期 19 天

中金所(权) | 沪深300期权 | 201410

主力/标的	最新价	涨跌	涨跌幅	买价	卖价	最高价	最低价	成交量	到期日(天数)	更新时间
IF 1410	2452.4	▼1.6	-0.07%	2452.2	2452.4	2466.6	2448.4	248932	2014/10/17(18)	11:30:00
沪深300	2444.54	▼3.26	-0.13%	-	-	2454.76	2444.2	5770948	-	11:30:15

看涨期权 (Call)									看跌期权 (Put)							
买价	卖价	最新价	现量	成交量	卖	买		行权价		买	卖	成交量	现量	最新价	卖价	买价
449.3	459.4	450.5	1	107				2000				147	35	0.4	2.4	0.2
401.5	409.9	401.7	1	141				2050				12	1	1.7	1.7	1.6
351.8	360.6	352.7	2	173				2100				114	2	1.8	2.2	0.9
302.4	311	302.6	1	105				2150				93	1	1.9	2	1.5
253.3	264.8	257.6	1	240				2200				355	1	2.6	3.4	2.6
206.8	213.1	207.3	1	417				2250				474	1	6.7	7.6	6.8
164.5	167.4	164.6	6	984				2300				2031	1	14.4	14.3	13
121.1	125.1	123	1	2322				2350				3407	8	20.7	22	18.8
86.8	95	86.5	1	16775				2400				3638	1	33.2	34	31.7
55.7	58.1	54.6	1	2511				2450				1442	2	51.9	53.9	47.3
30.7	36.5	36.2	1	1813				2500				835	1	79.6	80.8	72.6
16.8	19.5	19	1	994				2550				609	10	115.3	117.5	112.9
8.5	10	9.1	1	577				2600				386	1	157.7	157.9	152.8

图 6-40　9 月 30 日，距离到期 18 天

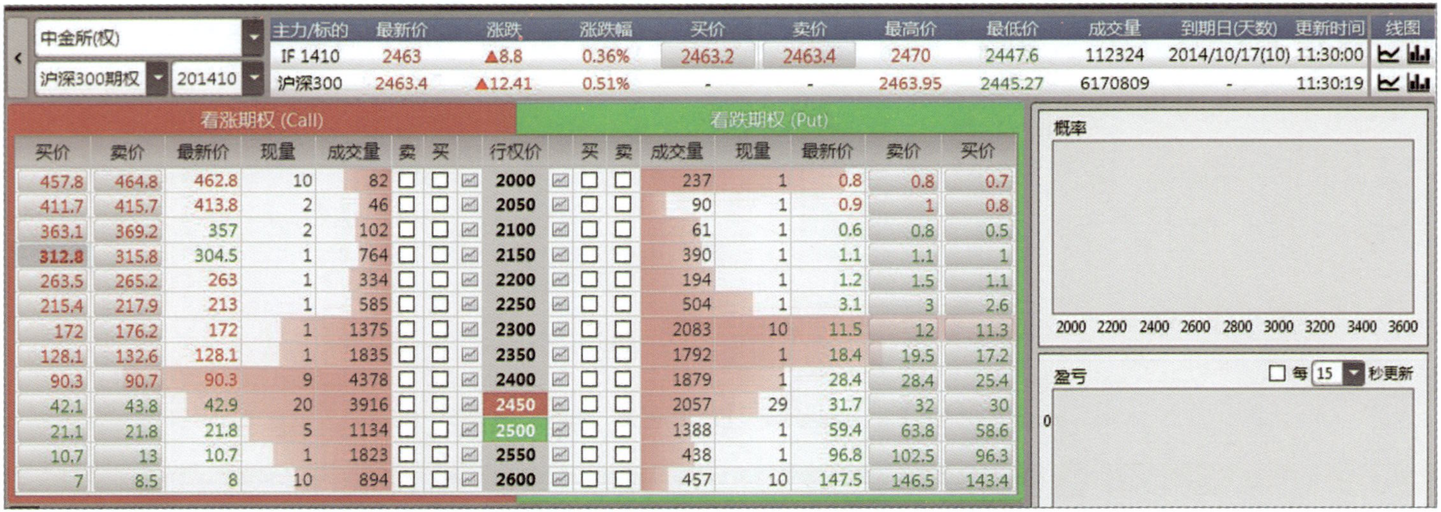

主力/标的	最新价	涨跌	涨跌幅	买价	卖价	最高价	最低价	成交量	到期日(天数)	更新时间
IF 1410	2463	▲8.8	0.36%	2463.2	2463.4	2470	2447.6	112324	2014/10/17(10)	11:30:00
沪深300	2463.4	▲12.41	0.51%	-	-	2463.95	2445.27	6170809	-	11:30:19

看涨期权 (Call)														看跌期权 (Put)
买价	卖价	最新价	现量	成交量	卖	买	行权价	买	卖	成交量	现量	最新价	卖价	买价
457.8	464.8	462.8	10	82			2000			237	1	0.8	0.8	0.7
411.7	415.7	413.8	2	46			2050			90	1	0.9	1	0.8
363.1	369.2	357	2	102			2100			61	1	0.6	0.8	0.5
312.8	315.8	304.5	1	764			2150			390	1	1.1	1.1	1
263.5	265.2	263	1	334			2200			194	1	1.2	1.5	1.1
215.4	217.9	213	1	585			2250			504	1	3.1	3	2.6
172	176.2	172	1	1375			2300			2083	10	11.5	12	11.3
128.1	132.6	128.1	1	1835			2350			1792	1	18.4	19.5	17.2
90.3	90.7	90.3	9	4378			2400			1879	1	28.4	28.4	25.4
42.1	43.8	42.9	20	3916			2450			2057	29	31.7	32	30
21.1	21.8	21.8	5	1134			2500			1388	1	59.4	63.8	58.6
10.7	13	10.7	1	1823			2550			438	1	96.8	102.5	96.3
7	8.5	8	10	894			2600			457	10	147.5	146.5	143.4

图 6-41　10 月 8 日，距离到期 10 天

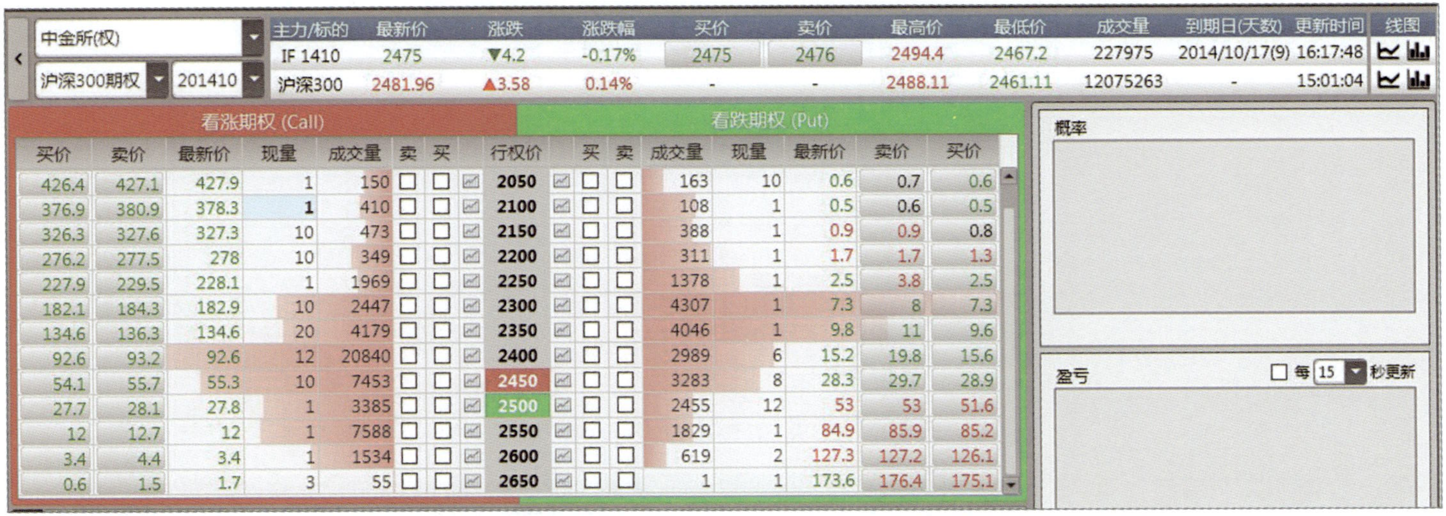
中金所(权)
沪深300期权 201410
主力/标的 最新价 涨跌 涨跌幅 买价 卖价 最高价 最低价 成交量 到期日(天数) 更新时间 线图
IF 1410 2475 ▼4.2 -0.17% 2475 2476 2494.4 2467.2 227975 2014/10/17(9) 16:17:48
沪深300 2481.96 ▲3.58 0.14% - - 2488.11 2461.11 12075263 - 15:01:04
看涨期权 (Call)
看跌期权 (Put)
买价 卖价 最新价 现量 成交量 卖 买 行权价 买 卖 成交量 现量 最新价 卖价 买价
426.4 427.1 427.9 1 150 2050 163 10 0.6 0.7 0.6
376.9 380.9 378.3 1 410 2100 108 1 0.5 0.6 0.5
326.3 327.6 327.3 10 473 2150 388 1 0.9 0.9 0.8
276.2 277.5 278 10 349 2200 311 1 1.7 1.7 1.3
227.9 229.5 228.1 1 1969 2250 1378 1 2.5 3.8 2.5
182.1 184.3 182.9 10 2447 2300 4307 1 7.3 8 7.3
134.6 136.3 134.6 20 4179 2350 4046 1 9.8 11 9.6
92.6 93.2 92.6 12 20840 2400 2989 6 15.2 19.8 15.6
54.1 55.7 55.3 10 7453 2450 3283 8 28.3 29.7 28.9
27.7 28.1 27.8 1 3385 2500 2455 12 53 53 51.6
12 12.7 12 1 7588 2550 1829 1 84.9 85.9 85.2
3.4 4.4 3.4 1 1534 2600 619 2 127.3 127.2 126.1
0.6 1.5 1.7 3 55 2650 1 1 173.6 176.4 175.1
概率
盈亏
每 15 秒更新

图 6-42　10 月 9 日，距离到期 9 天

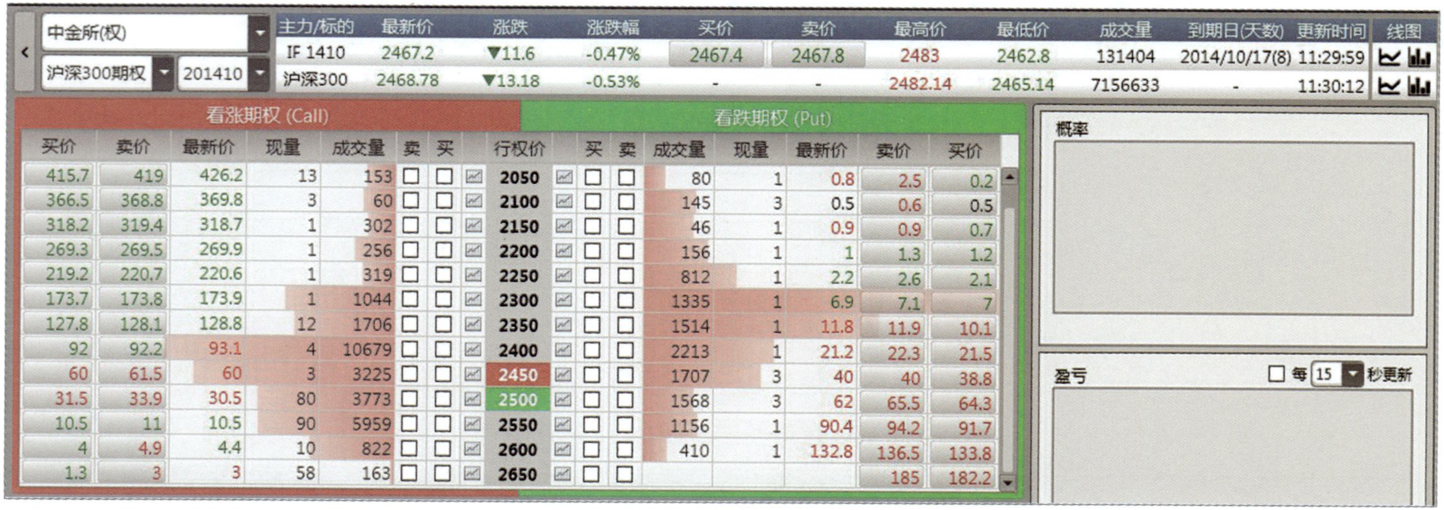

中金所(权) 沪深300期权 201410

主力/标的	最新价	涨跌	涨跌幅	买价	卖价	最高价	最低价	成交量	到期日(天数)	更新时间
IF 1410	2467.2	▼11.6	-0.47%	2467.4	2467.8	2483	2462.8	131404	2014/10/17(8)	11:29:59
沪深300	2468.78	▼13.18	-0.53%	-	-	2482.14	2465.14	7156633	-	11:30:12

看涨期权 (Call) 买价	卖价	最新价	现量	成交量	行权价	看跌期权 (Put) 成交量	现量	最新价	卖价	买价
415.7	419	426.2	13	153	2050	80	1	0.8	2.5	0.2
366.5	368.8	369.8	3	60	2100	145	3	0.5	0.6	0.5
318.2	319.4	318.7	1	302	2150	46	1	0.9	0.9	0.7
269.3	269.5	269.9	1	256	2200	156	1	1	1.3	1.2
219.2	220.7	220.6	1	319	2250	812	1	2.2	2.6	2.1
173.7	173.8	173.9	1	1044	2300	1335	1	6.9	7.1	7
127.8	128.1	128.8	12	1706	2350	1514	1	11.8	11.9	10.1
92	92.2	93.1	4	10679	2400	2213	1	21.2	22.3	21.5
60	61.5	60	3	3225	2450	1707	3	40	40	38.8
31.5	33.9	30.5	80	3773	2500	1568	3	62	65.5	64.3
10.5	11	10.5	90	5959	2550	1156	1	90.4	94.2	91.7
4	4.9	4.4	10	822	2600	410	1	132.8	136.5	133.8
1.3	3	3	58	163	2650				185	182.2

概率

盈亏 □ 每 15 秒更新

图 6-43 10 月 10 日，距离到期 8 天

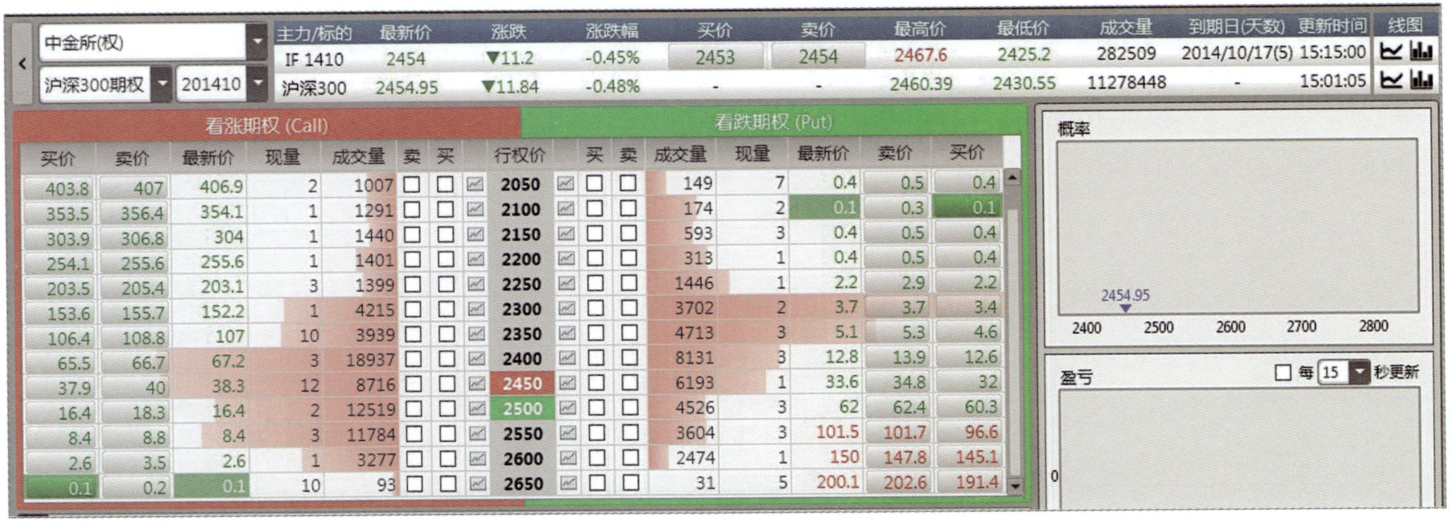

中金所(权)　沪深300期权　201410

主力/标的	最新价	涨跌	涨跌幅	买价	卖价	最高价	最低价	成交量	到期日(天数)	更新时间
IF 1410	2454	▼11.2	-0.45%	2453	2454	2467.6	2425.2	282509	2014/10/17(5)	15:15:00
沪深300	2454.95	▼11.84	-0.48%	-	-	2460.39	2430.55	11278448	-	15:01:05

看涨期权 (Call)								看跌期权 (Put)						
买价	卖价	最新价	现量	成交量	卖	买	行权价	买	卖	成交量	现量	最新价	卖价	买价
403.8	407	406.9	2	1007	☐	☐	2050	☐	☐	149	7	0.4	0.5	0.4
353.5	356.4	354.1	1	1291	☐	☐	2100	☐	☐	174	2	0.1	0.3	0.1
303.9	306.8	304	1	1440	☐	☐	2150	☐	☐	593	3	0.4	0.5	0.4
254.1	255.6	255.6	1	1401	☐	☐	2200	☐	☐	313	1	0.4	0.5	0.4
203.5	205.4	203.1	3	1399	☐	☐	2250	☐	☐	1446	1	2.2	2.9	2.2
153.6	155.7	152.2	1	4215	☐	☐	2300	☐	☐	3702	2	3.7	3.7	3.4
106.4	108.8	107	10	3939	☐	☐	2350	☐	☐	4713	3	5.1	5.3	4.6
65.5	66.7	67.2	3	18937	☐	☐	2400	☐	☐	8131	3	12.8	13.9	12.6
37.9	40	38.3	12	8716	☐	☐	2450	☐	☐	6193	1	33.6	34.8	32
16.4	18.3	16.4	2	12519	☐	☐	2500	☐	☐	4526	3	62	62.4	60.3
8.4	8.8	8.4	3	11784	☐	☐	2550	☐	☐	3604	3	101.5	101.7	96.6
2.6	3.5	2.6	1	3277	☐	☐	2600	☐	☐	2474	1	150	147.8	145.1
0.1	0.2	0.1	10	93	☐	☐	2650	☐	☐	31	5	200.1	202.6	191.4

图 6-44　10 月 13 日，距离到期 5 天

中金所(权)

沪深300期权 201410

主力/标的	最新价	涨跌	涨跌幅	买价	卖价	最高价	最低价	成交量	到期日(天数)	更新时间
IF 1410	2445.8	▼4.8	-0.20%	2446	2446.2	2462.4	2444.8	112660	2014/10/17(4)	11:30:00
沪深300	2455.48	▲0.53	0.02%	-	-	2467.9	2449.17	5888597	-	11:30:17

看涨期权 (Call)								看跌期权 (Put)						
买价	卖价	最新价	现量	成交量	卖	买	行权价	买	卖	成交量	现量	最新价	卖价	买价
396.3	399.2	405.3	2	6	☐	☐	**2050**	☐	☐	23	1	0.3	0.8	0.3
346	349	355.2	2	14	☐	☐	**2100**	☐	☐	35	1	0.2	0.6	0.1
295.6	297.5	305.4	2	31	☐	☐	**2150**	☐	☐	10	8	0.5	0.6	0.1
246.5	248.4	248.7	1	117	☐	☐	**2200**	☐	☐	37	3	0.5	0.6	0.5
196.1	199.1	199.4	10	415	☐	☐	**2250**	☐	☐	261	1	2.1	2.5	2
148.2	151.2	153.5	10	1013	☐	☐	**2300**	☐	☐	1564	10	4.2	5.4	3.3
101.7	104.7	106.6	25	2615	☐	☐	**2350**	☐	☐	1790	1	6.1	6.2	5.1
59.3	62.3	59.4	12	7036	☐	☐	**2400**	☐	☐	9651	1	15.8	16	11.5
32.3	35.3	36	10	1972	☐	☐	**2450**	☐	☐	1211	1	37.8	36.3	34.3
15.5	17.2	17.4	1	6210	☐	☐	**2500**	☐	☐	1088	1	70	70	67.9
5.2	7.4	7	32	8484	☐	☐	**2550**	☐	☐	1032	1	109.5	113.7	97.6
2.3	2.5	2.5	1	531	☐	☐	**2600**	☐	☐	376	1	151.5	155.8	149.3
0.1	0.6	0.1	1	41	☐	☐	**2650**	☐	☐	14	2	189.8	227.8	197.5

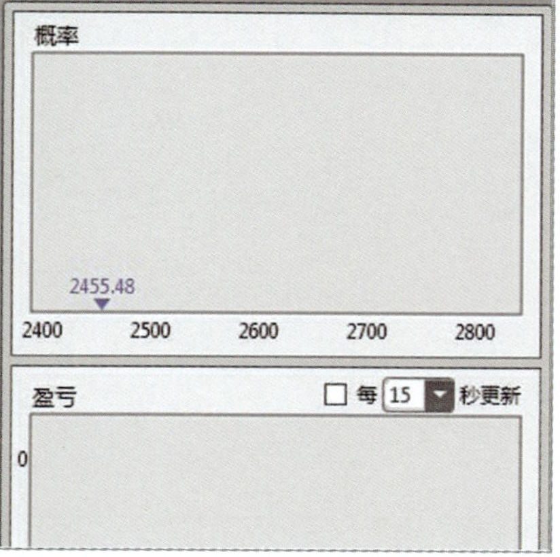

图 6-45　10 月 14 日，距离到期 4 天

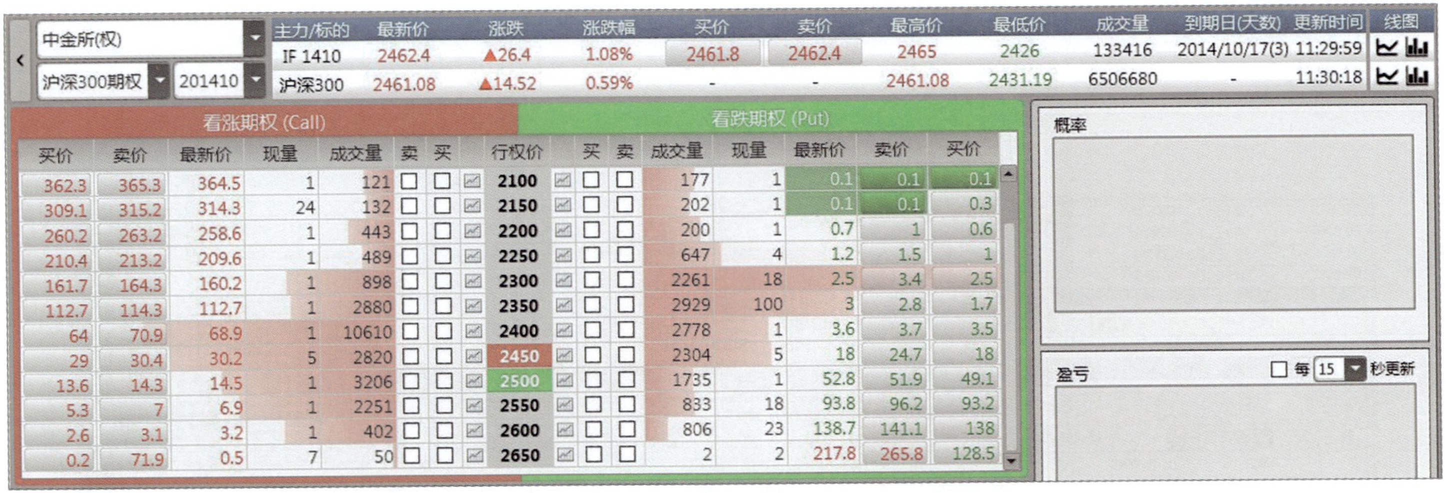

主力/标的	最新价	涨跌	涨跌幅	买价	卖价	最高价	最低价	成交量	到期日(天数)	更新时间
IF 1410	2462.4	▲26.4	1.08%	2461.8	2462.4	2465	2426	133416	2014/10/17(3)	11:29:59
沪深300	2461.08	▲14.52	0.59%	-	-	2461.08	2431.19	6506680	-	11:30:18

看涨期权 (Call)							行权价	看跌期权 (Put)						
买价	卖价	最新价	现量	成交量	卖	买	行权价	买	卖	成交量	现量	最新价	卖价	买价
362.3	365.3	364.5	1	121	□	□	2100	□	□	177	1	0.1	0.1	0.1
309.1	315.2	314.3	24	132	□	□	2150	□	□	202	1	0.1	0.1	0.3
260.2	263.2	258.6	1	443	□	□	2200	□	□	200	1	0.7	1	0.6
210.4	213.2	209.6	1	489	□	□	2250	□	□	647	4	1.2	1.5	1
161.7	164.3	160.2	1	898	□	□	2300	□	□	2261	18	2.5	3.4	2.5
112.7	114.3	112.7	1	2880	□	□	2350	□	□	2929	100	3	2.8	1.7
64	70.9	68.9	1	10610	□	□	2400	□	□	2778	1	3.6	3.7	3.5
29	30.4	30.2	5	2820	□	□	2450	□	□	2304	5	18	24.7	18
13.6	14.3	14.5	1	3206	□	□	2500	□	□	1735	1	52.8	51.9	49.1
5.3	7	6.9	1	2251	□	□	2550	□	□	833	18	93.8	96.2	93.2
2.6	3.1	3.2	1	402	□	□	2600	□	□	806	23	138.7	141.1	138
0.2	71.9	0.5	7	50	□	□	2650	□	□	2	2	217.8	265.8	128.5

图 6-46　10 月 15 日，距离到期 3 天

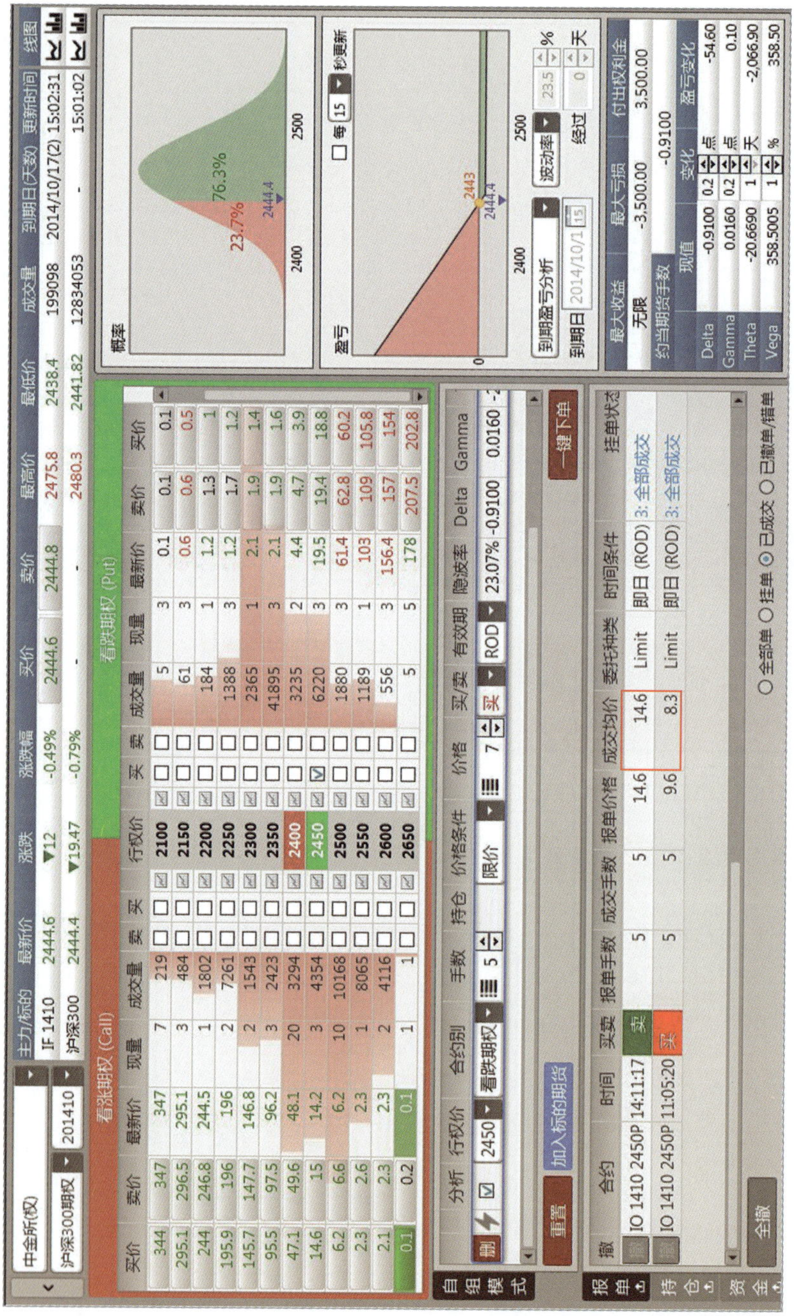

图 6-47 10 月 16 日，距离到期 2 天

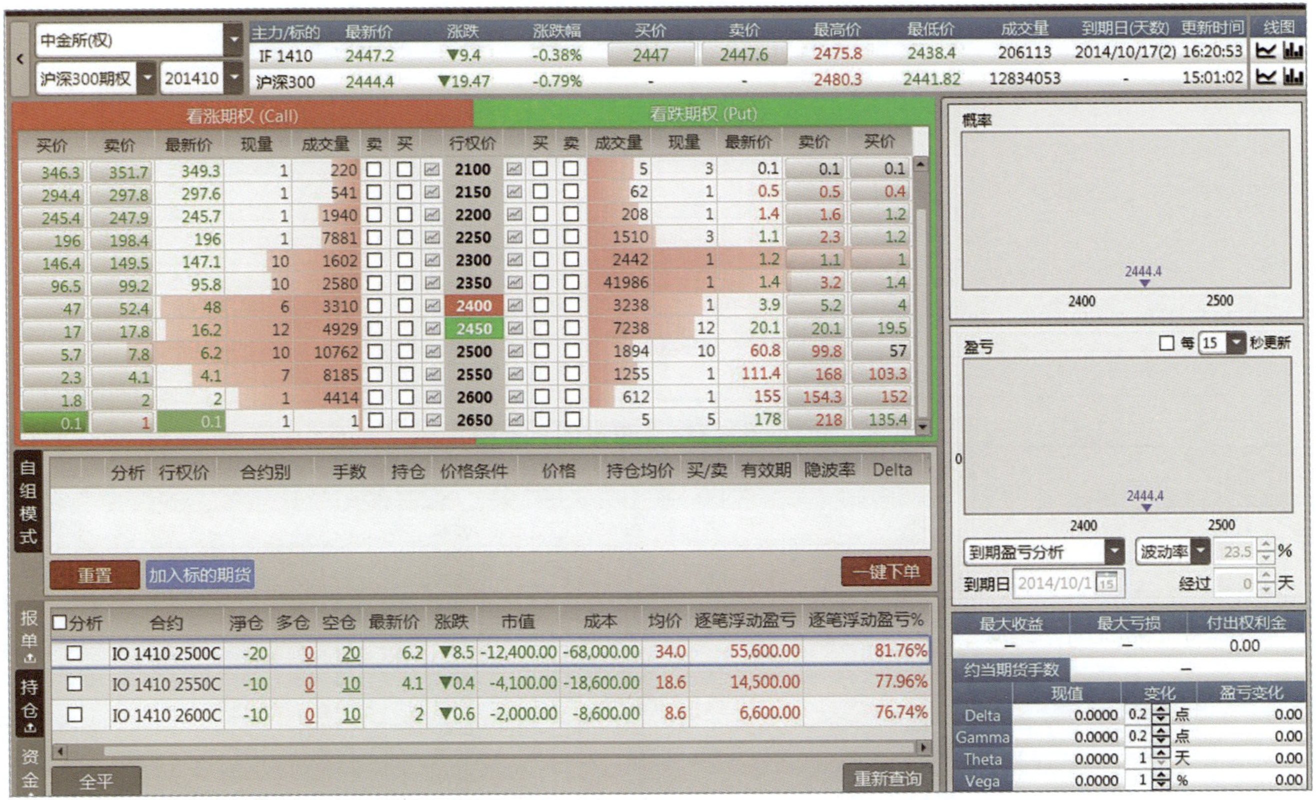

中金所(权)
沪深300期权 201410
主力/标的 最新价 涨跌 涨跌幅 买价 卖价 最高价 最低价 成交量 到期日(天数) 更新时间 线图
IF 1410 2447.2 ▼9.4 -0.38% 2447 2447.6 2475.8 2438.4 206113 2014/10/17(2) 16:20:53
沪深300 2444.4 ▼19.47 -0.79% - - 2480.3 2441.82 12834053 - 15:01:02
看涨期权 (Call)
看跌期权 (Put)
买价 卖价 最新价 现量 成交量 卖 买 行权价 买 卖 成交量 现量 最新价 卖价 买价
概率
盈亏
每 15 秒更新
到期盈亏分析
波动率 23.5 %
到期日 2014/10/1
经过 0 天
自组模式
分析 行权价 合约别 手数 持仓 价格条件 价格 持仓均价 买/卖 有效期 隐波率 Delta
重置
加入标的期货
一键下单
报单
持仓
资金
分析 合约 淨仓 多仓 空仓 最新价 涨跌 市值 成本 均价 逐笔浮动盈亏 逐笔浮动盈亏%
IO 1410 2500C -20 0 20 6.2 ▼8.5 -12,400.00 -68,000.00 34.0 55,600.00 81.76%
IO 1410 2550C -10 0 10 4.1 ▼0.4 -4,100.00 -18,600.00 18.6 14,500.00 77.96%
IO 1410 2600C -10 0 10 2 ▼0.6 -2,000.00 -8,600.00 8.6 6,600.00 76.74%
全平
重新查询
最大收益 最大亏损 付出权利金
约当期货手数
现值 变化 盈亏变化
Delta
Gamma
Theta
Vega

图 6–48 距离到期日 2 天时出现的，2 个小时收益率 75.9% 的交易

注：11 点 5 分以 8.3 的价格买入 IO1410 2450P，14 点 11 分以 14.6 的价格卖出 IO1410 2450P，得收益率为 $\frac{14.6-8.3}{8.3}\times 100\%=75.9\%$。

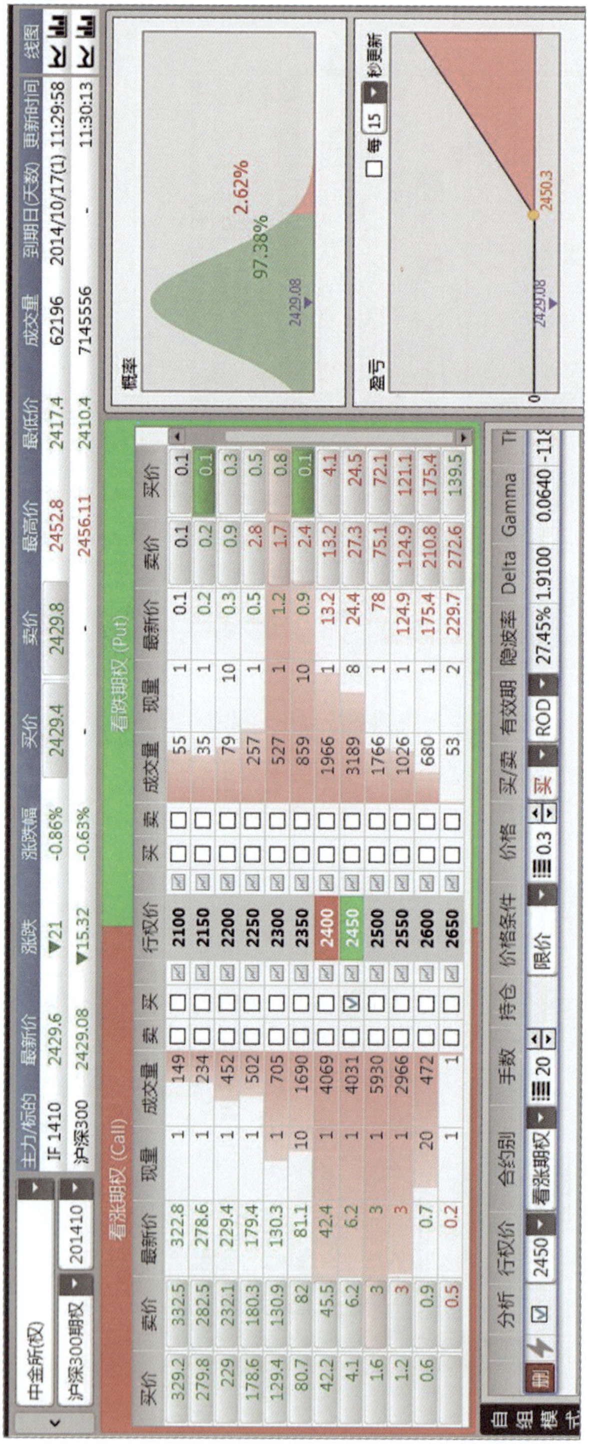

主力/标的	最新价	涨跌	涨跌幅	买价	卖价	最高价	最低价	成交量	到期日(天数)	更新时间
IF 1410	2429.6	▼21	-0.86%	2429.4	2429.8	2452.8	2417.4	62196	2014/10/17(1)	11:29:58
沪深300	2429.08	▼15.32	-0.63%	-	-	2456.11	2410.4	7145556	-	11:30:13

买价	卖价	最新价	现量	成交量	行权价	成交量	现量	最新价	卖价	买价
329.2	332.5	322.8	1	149	2100	55	1	0.1	0.1	0.1
279.8	282.5	278.6	1	234	2150	35	1	0.2	0.2	0.1
229	232.1	229.4	1	452	2200	79	10	0.3	0.9	0.3
178.6	180.3	179.4	1	502	2250	257	1	0.5	2.8	0.5
129.4	130.9	130.3	1	705	2300	527	1	1.2	1.7	0.8
80.7	82	81.1	10	1690	2350	859	10	0.9	2.4	0.1
42.2	45.5	42.4	1	4069	2400	1966	1	13.2	13.2	4.1
4.1	6.2	6.2	1	4031	2450	3189	8	24.4	27.3	24.5
1.6	3	3	1	5930	2500	1766	1	78	75.1	72.1
1.2	3	3	1	2966	2550	1026	1	124.9	124.9	121.1
0.6	0.9	0.7	20	472	2600	680	1	175.4	210.8	175.4
	0.5	0.2	1	1	2650	53	2	229.7	272.6	139.5

图 6-49　10 月 17 日，最后交易日

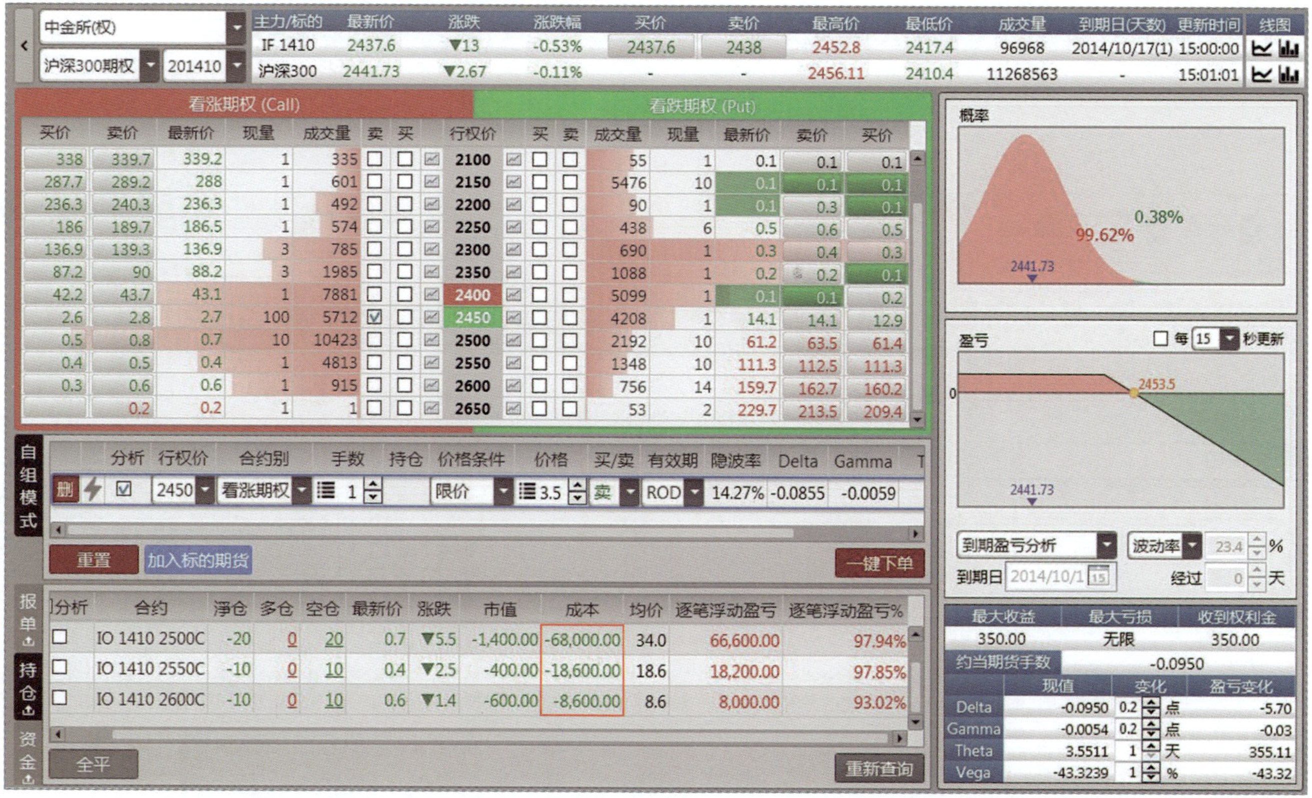

图 6–50　IO1410 合约到期，10 个交易日不被行权的 Call 收益率为 9.52%

注：以 100 万元资金为例，3 个行权价卖出的 Put，收取的权利金总和为 95200（68000+18600+8600），得到期收益率为 9.52%。

6.6.3 IO1411 合约

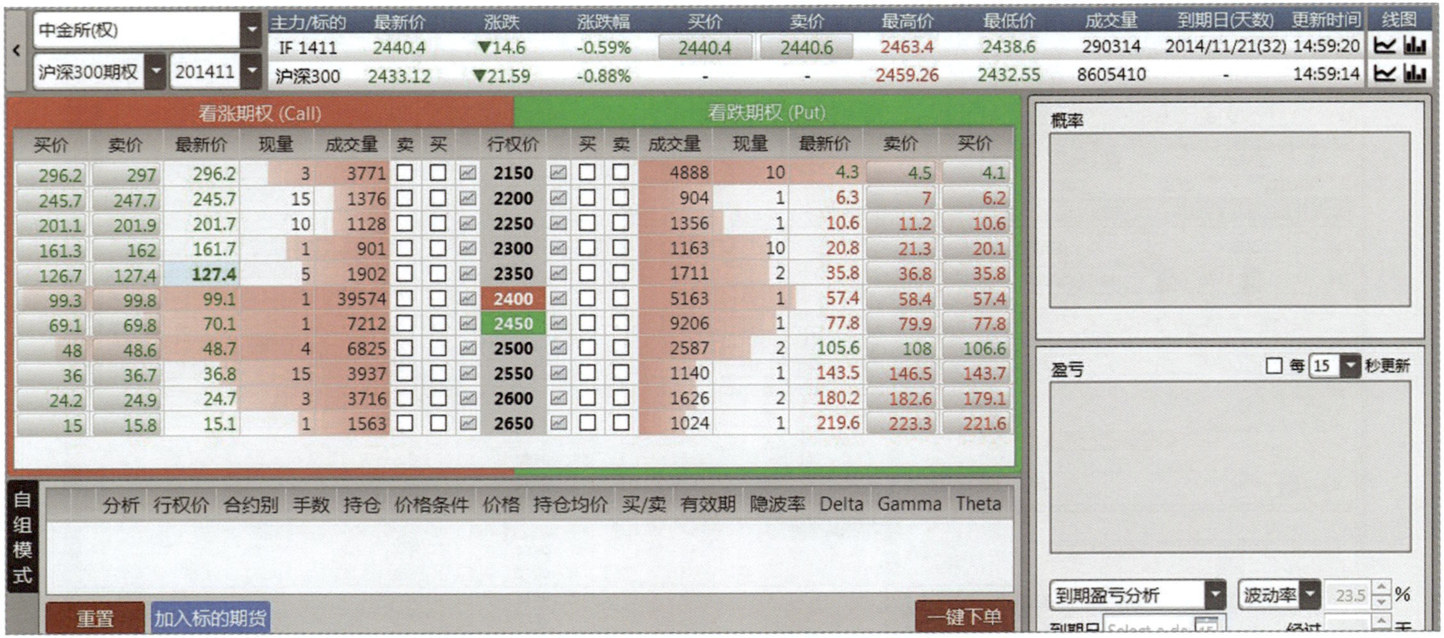
中金所(权)
沪深300期权 201411
主力/标的 最新价 涨跌 涨跌幅 买价 卖价 最高价 最低价 成交量 到期日(天数) 更新时间 线图
IF 1411 2440.4 ▼14.6 -0.59% 2440.4 2440.6 2463.4 2438.6 290314 2014/11/21(32) 14:59:20
沪深300 2433.12 ▼21.59 -0.88% - - 2459.26 2432.55 8605410 - 14:59:14
看涨期权 (Call)
看跌期权 (Put)
买价 卖价 最新价 现量 成交量 卖 买 行权价 买 卖 成交量 现量 最新价 卖价 买价
296.2 297 296.2 3 3771 2150 4888 10 4.3 4.5 4.1
245.7 247.7 245.7 15 1376 2200 904 1 6.3 7 6.2
201.1 201.9 201.7 10 1128 2250 1356 1 10.6 11.2 10.6
161.3 162 161.7 1 901 2300 1163 10 20.8 21.3 20.1
126.7 127.4 127.4 5 1902 2350 1711 2 35.8 36.8 35.8
99.3 99.8 99.1 1 39574 2400 5163 1 57.4 58.4 57.4
69.1 69.8 70.1 1 7212 2450 9206 1 77.8 79.9 77.8
48 48.6 48.7 4 6825 2500 2587 2 105.6 108 106.6
36 36.7 36.8 15 3937 2550 1140 1 143.5 146.5 143.7
24.2 24.9 24.7 3 3716 2600 1626 2 180.2 182.6 179.1
15 15.8 15.1 1 1563 2650 1024 1 219.6 223.3 221.6
概率
盈亏
每 15 秒更新
自组模式
分析 行权价 合约别 手数 持仓 价格条件 价格 持仓均价 买/卖 有效期 隐波率 Delta Gamma Theta
重置
加入标的期货
一键下单
到期盈亏分析
波动率
23.5 %

图 6-51 10 月 21 日，距离到期 32 天

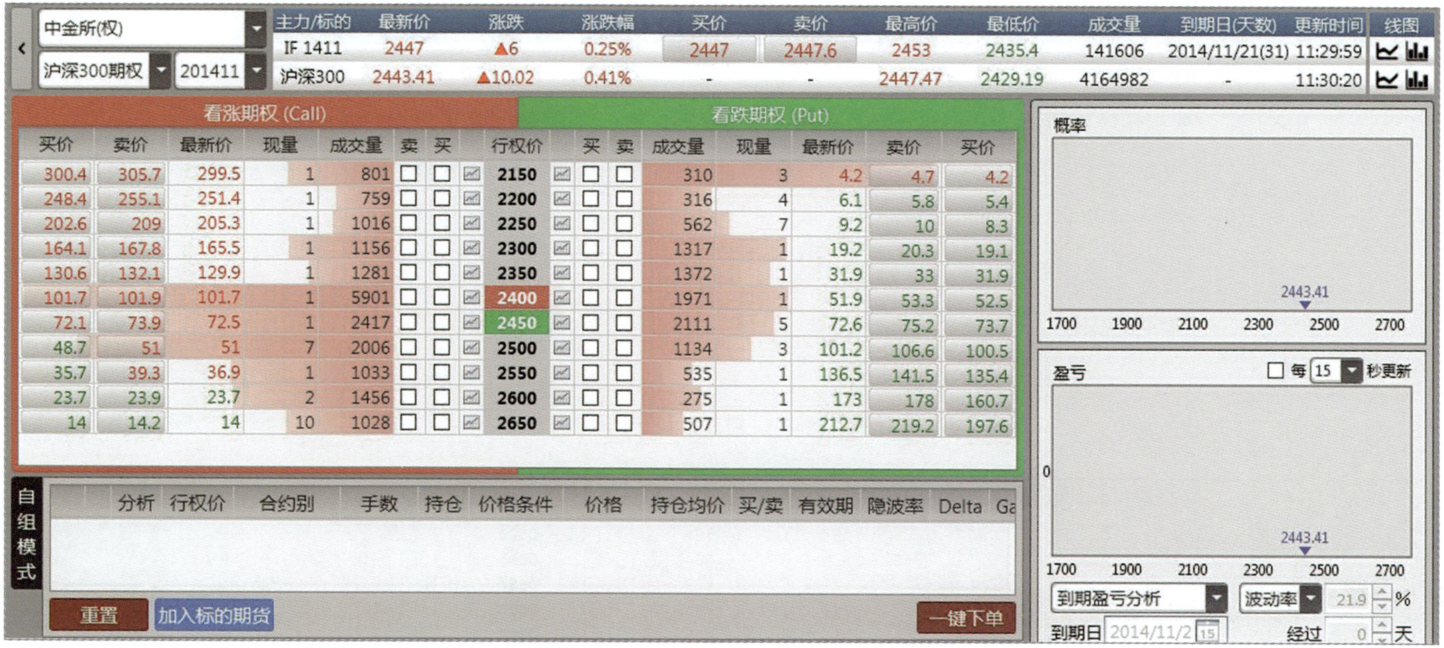

图 6-52　10 月 22 日，距离到期 31 天

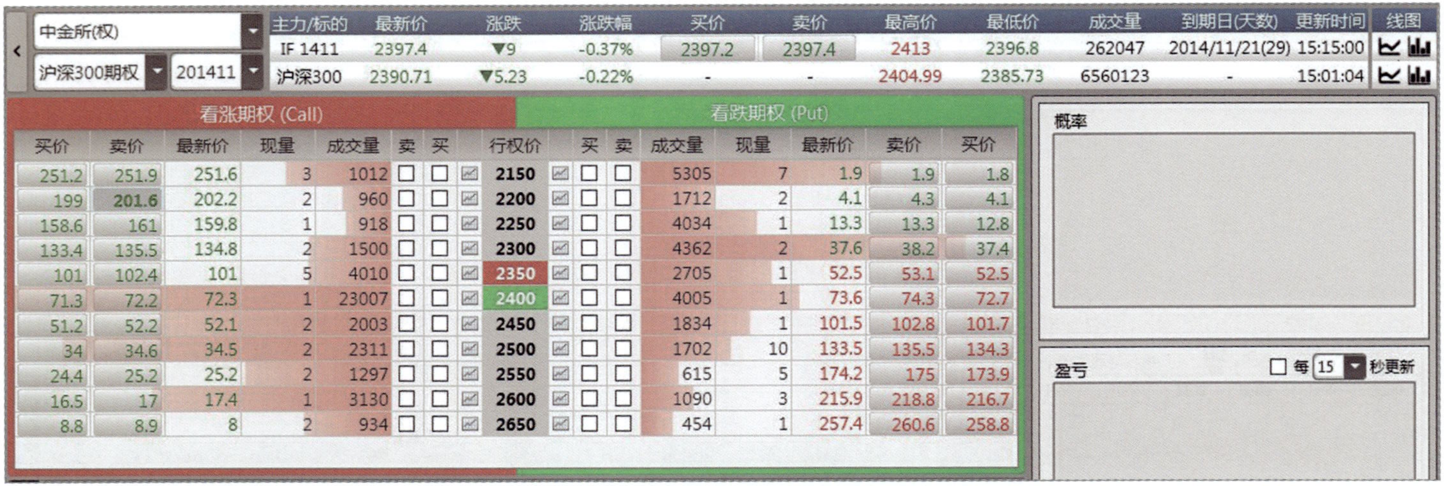

主力/标的	最新价	涨跌	涨跌幅	买价	卖价	最高价	最低价	成交量	到期日(天数)	更新时间
IF 1411	2397.4	▼9	-0.37%	2397.2	2397.4	2413	2396.8	262047	2014/11/21(29)	15:15:00
沪深300	2390.71	▼5.23	-0.22%	-	-	2404.99	2385.73	6560123	-	15:01:04

看涨期权 (Call)											看跌期权 (Put)				
买价	卖价	最新价	现量	成交量	卖	买	行权价	买	卖	成交量	现量	最新价	卖价	买价
251.2	251.9	251.6	3	1012			2150			5305	7	1.9	1.9	1.8
199	201.6	202.2	2	960			2200			1712	2	4.1	4.3	4.1
158.6	161	159.8	1	918			2250			4034	1	13.3	13.3	12.8
133.4	135.5	134.8	2	1500			2300			4362	2	37.6	38.2	37.4
101	102.4	101	5	4010			2350			2705	1	52.5	53.1	52.5
71.3	72.2	72.3	1	23007			2400			4005	1	73.6	74.3	72.7
51.2	52.2	52.1	2	2003			2450			1834	1	101.5	102.8	101.7
34	34.6	34.5	2	2311			2500			1702	10	133.5	135.5	134.3
24.4	25.2	25.2	2	1297			2550			615	5	174.2	175	173.9
16.5	17	17.4	1	3130			2600			1090	3	215.9	218.8	216.7
8.8	8.9	8	2	934			2650			454	1	257.4	260.6	258.8

图 6-53　10 月 24 日，距离到期 29 天

主力/标的	最新价	涨跌	涨跌幅	买价	卖价	最高价	最低价	成交量	到期日(天数)	更新时间
IF 1411	2380.2	▼21.8	-0.91%	2380.2	2380.4	2447	2368.8	241498	2014/11/21(26)	15:12:49
沪深300	2368.83	▼21.88	-0.92%	-	-	2377.54	2361.68	6595648	-	15:01:02

看涨期权 (Call)						看跌期权 (Put)				
买价	卖价	最新价	现量	成交量	行权价	成交量	现量	最新价	卖价	买价
235.5	236.1	235	1	4348	2150	3608	2	2.2	2.6	2.5
182.1	187.3	181.4	4	660	2200	2012	1	3	3.5	3
139.5	141.2	140.3	1	1422	2250	2411	25	9.5	9	8.6
109.3	111.4	109.3	10	1939	2300	4714	166	24	29.6	28.5
80.9	81.8	81.5	1	5403	2350	3705	2	48	49.1	48
57.6	58.2	57.6	1	22562	2400	4812	1	77.8	77.4	75.5
39.3	41.2	41.2	1	3837	2450	1985	4	108.7	109.4	108.2
25.6	27.1	22	45	4267	2500	1869	1	145.1	146.2	144.6
20.9	21.6	20.9	1	3624	2550	1982	1	188.1	190.5	188.2
13.8	14.4	15.5	3	4223	2600	1163	3	231.2	233.2	231.1
8.1	8.6	8.2	1	1758	2650	1184	1	277.1	279.1	275.5

图 6–54　10 月 27 日，距离到期 26 天

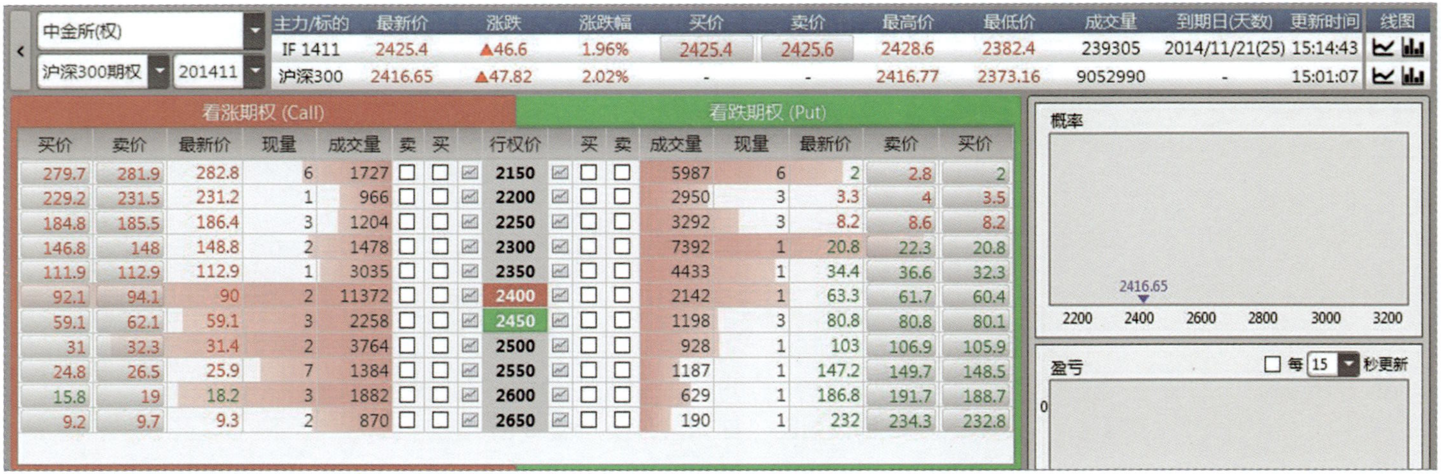

主力/标的	最新价	涨跌	涨跌幅	买价	卖价	最高价	最低价	成交量	到期日(天数)	更新时间
IF 1411	2425.4	▲46.6	1.96%	2425.4	2425.6	2428.6	2382.4	239305	2014/11/21(25)	15:14:43
沪深300	2416.65	▲47.82	2.02%	-	-	2416.77	2373.16	9052990	-	15:01:07

看涨期权 (Call)											看跌期权 (Put)				
买价	卖价	最新价	现量	成交量	卖	买	行权价	买	卖	成交量	现量	最新价	卖价	买价	
279.7	281.9	282.8	6	1727	☐	☐	2150	☐	☐	5987	6	2	2.8	2	
229.2	231.5	231.2	1	966	☐	☐	2200	☐	☐	2950	3	3.3	4	3.5	
184.8	185.5	186.4	3	1204	☐	☐	2250	☐	☐	3292	3	8.2	8.6	8.2	
146.8	148	148.8	2	1478	☐	☐	2300	☐	☐	7392	1	20.8	22.3	20.8	
111.9	112.9	112.9	1	3035	☐	☐	2350	☐	☐	4433	1	34.4	36.6	32.3	
92.1	94.1	90	2	11372	☐	☐	2400	☐	☐	2142	1	63.3	61.7	60.4	
59.1	62.1	59.1	3	2258	☐	☐	2450	☐	☐	1198	3	80.8	80.8	80.1	
31	32.3	31.4	2	3764	☐	☐	2500	☐	☐	928	1	103	106.9	105.9	
24.8	26.5	25.9	7	1384	☐	☐	2550	☐	☐	1187	1	147.2	149.7	148.5	
15.8	19	18.2	3	1882	☐	☐	2600	☐	☐	629	1	186.8	191.7	188.7	
9.2	9.7	9.3	2	870	☐	☐	2650	☐	☐	190	1	232	234.3	232.8	

图 6-55　10 月 28 日，距离到期 25 天

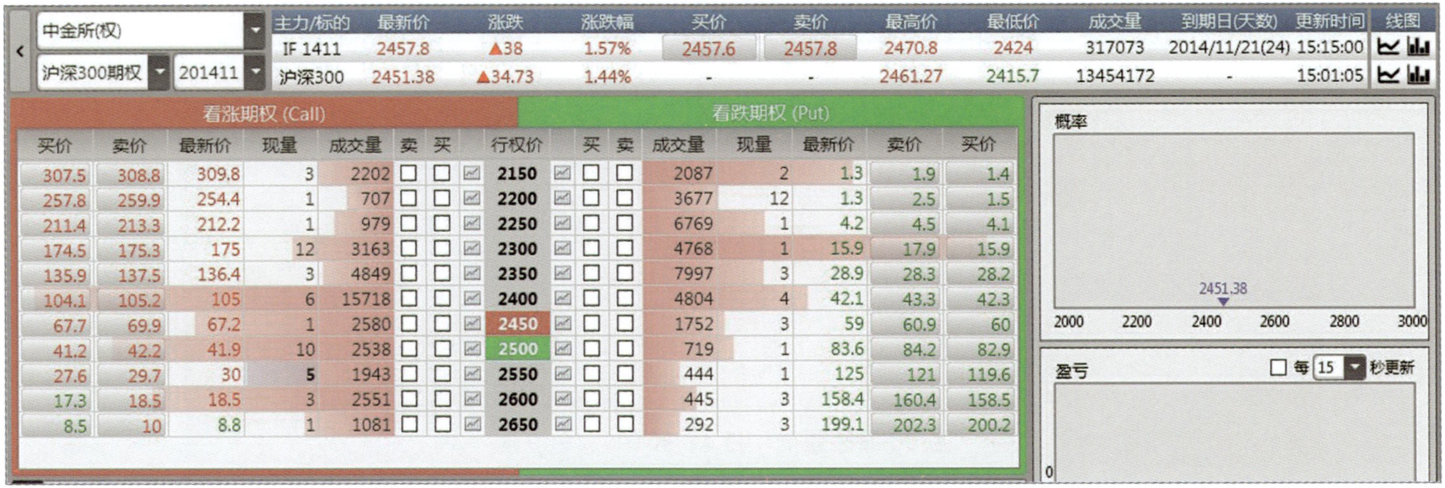

主力/标的	最新价	涨跌	涨跌幅	买价	卖价	最高价	最低价	成交量	到期日(天数)	更新时间
IF 1411	2457.8	▲38	1.57%	2457.6	2457.8	2470.8	2424	317073	2014/11/21(24)	15:15:00
沪深300	2451.38	▲34.73	1.44%	-	-	2461.27	2415.7	13454172	-	15:01:05

看涨期权 (Call)						看跌期权 (Put)				
买价	卖价	最新价	现量	成交量	行权价	成交量	现量	最新价	卖价	买价
307.5	308.8	309.8	3	2202	2150	2087	2	1.3	1.9	1.4
257.8	259.9	254.4	1	707	2200	3677	12	1.3	2.5	1.5
211.4	213.3	212.2	1	979	2250	6769	1	4.2	4.5	4.1
174.5	175.3	175	12	3163	2300	4768	1	15.9	17.9	15.9
135.9	137.5	136.4	3	4849	2350	7997	3	28.9	28.3	28.2
104.1	105.2	105	6	15718	2400	4804	4	42.1	43.3	42.3
67.7	69.9	67.2	1	2580	2450	1752	3	59	60.9	60
41.2	42.2	41.9	10	2538	2500	719	1	83.6	84.2	82.9
27.6	29.7	30	5	1943	2550	444	1	125	121	119.6
17.3	18.5	18.5	3	2551	2600	445	3	158.4	160.4	158.5
8.5	10	8.8	1	1081	2650	292	3	199.1	202.3	200.2

图 6–56　10 月 29 日，距离到期 24 天

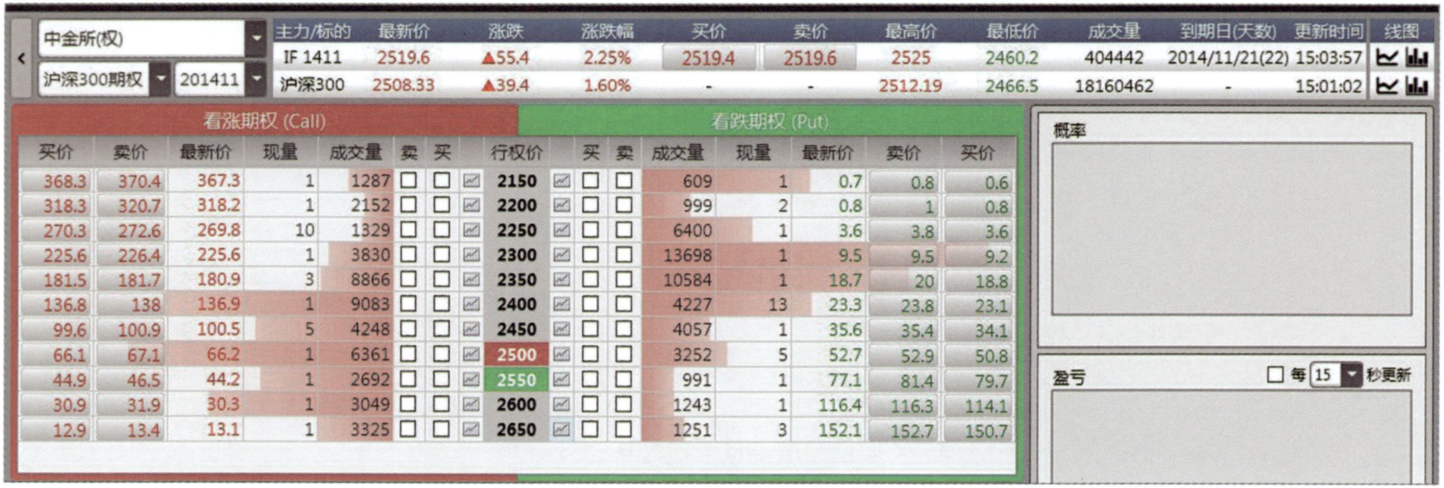

主力/标的	最新价	涨跌	涨跌幅	买价	卖价	最高价	最低价	成交量	到期日(天数)	更新时间
IF 1411	2519.6	▲55.4	2.25%	2519.4	2519.6	2525	2460.2	404442	2014/11/21(22)	15:03:57
沪深300	2508.33	▲39.4	1.60%	-	-	2512.19	2466.5	18160462	-	15:01:02

看涨期权 (Call)							行权价	看跌期权 (Put)						
买价	卖价	最新价	现量	成交量	卖	买	行权价	买	卖	成交量	现量	最新价	卖价	买价
368.3	370.4	367.3	1	1287	□	□	2150	□	□	609	1	0.7	0.8	0.6
318.3	320.7	318.2	1	2152	□	□	2200	□	□	999	2	0.8	1	0.8
270.3	272.6	269.8	10	1329	□	□	2250	□	□	6400	1	3.6	3.8	3.6
225.6	226.4	225.6	1	3830	□	□	2300	□	□	13698	1	9.5	9.5	9.2
181.5	181.7	180.9	3	8866	□	□	2350	□	□	10584	1	18.7	20	18.8
136.8	138	136.9	1	9083	□	□	2400	□	□	4227	13	23.3	23.8	23.1
99.6	100.9	100.5	5	4248	□	□	2450	□	□	4057	1	35.6	35.4	34.1
66.1	67.1	66.2	1	6361	□	□	2500	□	□	3252	5	52.7	52.9	50.8
44.9	46.5	44.2	1	2692	□	□	2550	□	□	991	1	77.1	81.4	79.7
30.9	31.9	30.3	1	3049	□	□	2600	□	□	1243	1	116.4	116.3	114.1
12.9	13.4	13.1	1	3325	□	□	2650	□	□	1251	3	152.1	152.7	150.7

图 6-57　10 月 31 日，距离到期 22 天

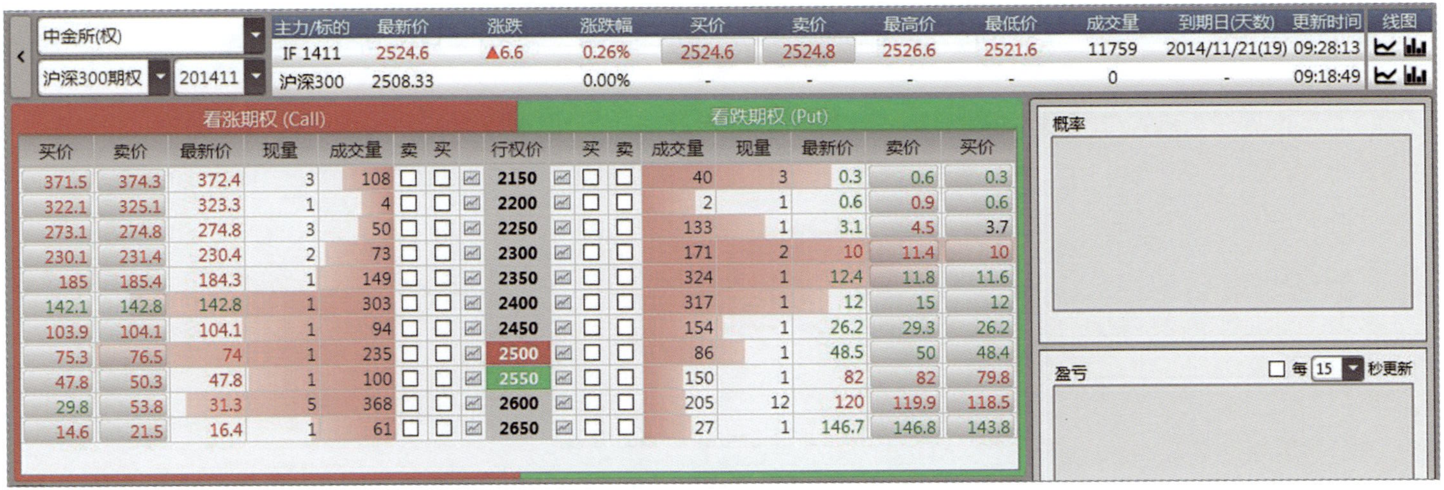

中金所(权)	主力/标的	最新价	涨跌	涨跌幅	买价	卖价	最高价	最低价	成交量	到期日(天数)	更新时间	线图
沪深300期权 201411	IF 1411	2524.6	▲6.6	0.26%	2524.6	2524.8	2526.6	2521.6	11759	2014/11/21(19)	09:28:13	
	沪深300	2508.33		0.00%	-	-	-	-	0	-	09:18:49	

看涨期权 (Call)								看跌期权 (Put)						
买价	卖价	最新价	现量	成交量	卖	买	行权价	买	卖	成交量	现量	最新价	卖价	买价
371.5	374.3	372.4	3	108	□	□	2150	□	□	40	3	0.3	0.6	0.3
322.1	325.1	323.3	1	4	□	□	2200	□	□	2	1	0.6	0.9	0.6
273.1	274.8	274.8	3	50	□	□	2250	□	□	133	1	3.1	4.5	3.7
230.1	231.4	230.4	2	73	□	□	2300	□	□	171	2	10	11.4	10
185	185.4	184.3	1	149	□	□	2350	□	□	324	1	12.4	11.8	11.6
142.1	142.8	142.8	1	303	□	□	2400	□	□	317	1	12	15	12
103.9	104.1	104.1	1	94	□	□	2450	□	□	154	1	26.2	29.3	26.2
75.3	76.5	74	1	235	□	□	2500	□	□	86	1	48.5	50	48.4
47.8	50.3	47.8	1	100	□	□	2550	□	□	150	1	82	82	79.8
29.8	53.8	31.3	5	368	□	□	2600	□	□	205	12	120	119.9	118.5
14.6	21.5	16.4	1	61	□	□	2650	□	□	27	1	146.7	146.8	143.8

图 6-58　11 月 3 日开盘，距离到期 19 天

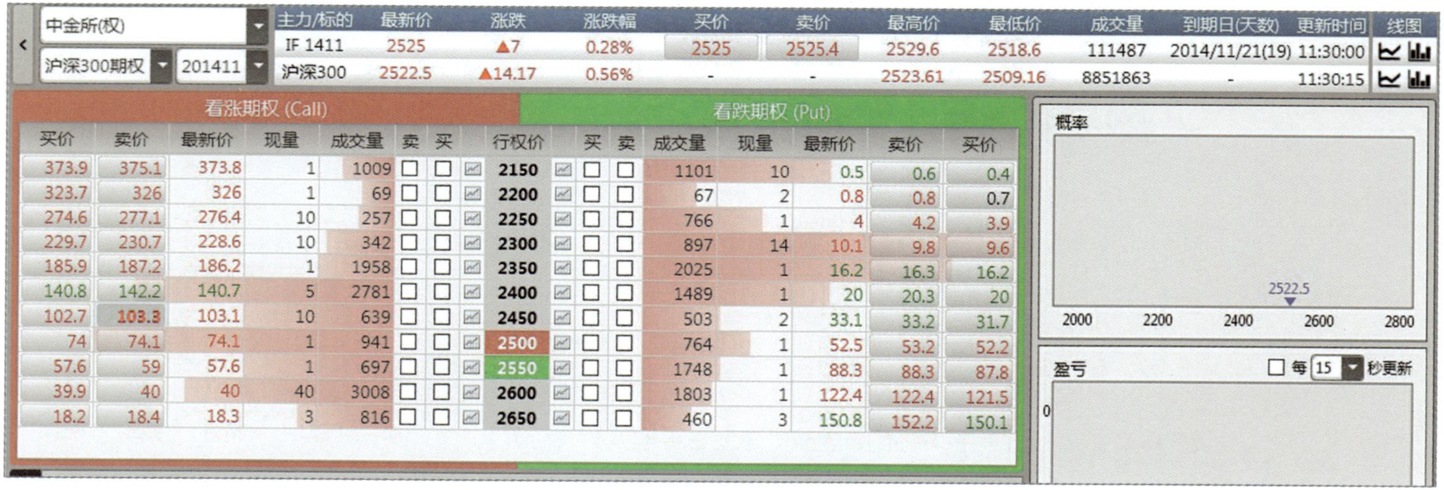

中金所(权) | 沪深300期权 | 201411

主力/标的	最新价	涨跌	涨跌幅	买价	卖价	最高价	最低价	成交量	到期日(天数)	更新时间
IF 1411	2525	▲7	0.28%	2525	2525.4	2529.6	2518.6	111487	2014/11/21(19)	11:30:00
沪深300	2522.5	▲14.17	0.56%	-	-	2523.61	2509.16	8851863	-	11:30:15

看涨期权 (Call)							行权价	看跌期权 (Put)						
买价	卖价	最新价	现量	成交量	卖	买		买	卖	成交量	现量	最新价	卖价	买价
373.9	375.1	373.8	1	1009	□	□	2150	□	□	1101	10	0.5	0.6	0.4
323.7	326	326	1	69	□	□	2200	□	□	67	2	0.8	0.8	0.7
274.6	277.1	276.4	10	257	□	□	2250	□	□	766	1	4	4.2	3.9
229.7	230.7	228.6	10	342	□	□	2300	□	□	897	14	10.1	9.8	9.6
185.9	187.2	186.2	1	1958	□	□	2350	□	□	2025	1	16.2	16.3	16.2
140.8	142.2	140.7	5	2781	□	□	2400	□	□	1489	1	20	20.3	20
102.7	103.3	103.1	10	639	□	□	2450	□	□	503	2	33.1	33.2	31.7
74	74.1	74.1	1	941	□	□	2500	□	□	764	1	52.5	53.2	52.2
57.6	59	57.6	1	697	□	□	2550	□	□	1748	1	88.3	88.3	87.8
39.9	40	40	40	3008	□	□	2600	□	□	1803	1	122.4	122.4	121.5
18.2	18.4	18.3	3	816	□	□	2650	□	□	460	3	150.8	152.2	150.1

图 6-59　11 月 3 日 11：30

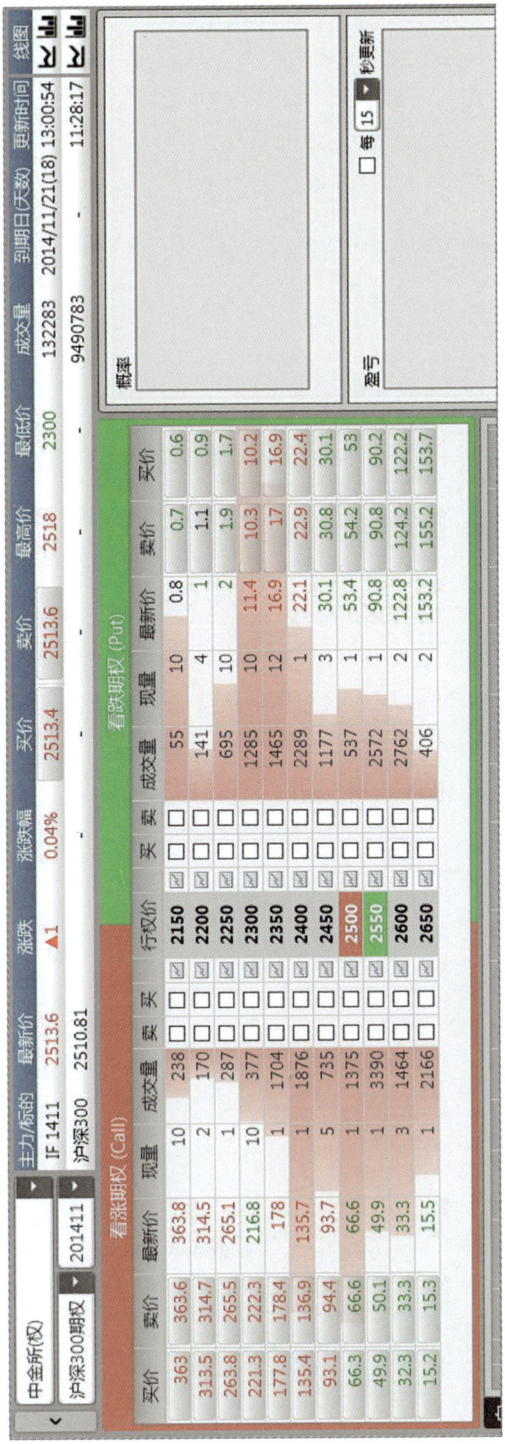

主力/标的	最新价	涨跌	涨跌幅	买价	卖价	最高价	最低价	成交量	到期日(天数)	更新时间	线图
IF 1411	2513.6	▲1	0.04%	2513.4	2513.6	2518	2300	132283	2014/11/21(18)	13:00:54	
沪深300	2510.81		-	-	-	-	-	9490783	-	11:28:17	

看涨期权 (Call)					行权价	看跌期权 (Put)				
买价	卖价	最新价	现量	成交量	行权价	成交量	现量	最新价	卖价	买价
363	363.6	363.8	10	238	2150	55	10	0.8	0.7	0.6
313.5	314.7	314.5	2	170	2200	141	4	1	1.1	0.9
263.8	265.5	265.1	1	287	2250	695	10	2	1.9	1.7
221.3	222.3	216.8	10	377	2300	1285	10	11.4	10.3	10.2
177.8	178.4	178	1	1704	2350	1465	12	16.9	17	16.9
135.4	136.9	135.7	1	1876	2400	2289	1	22.1	22.9	22.4
93.1	94.4	93.7	5	735	2450	1177	3	30.1	30.8	30.1
66.3	66.6	66.6	1	1375	2500	537	1	53.4	54.2	53
49.9	50.1	49.9	1	3390	2550	2572	1	90.8	90.8	90.2
32.3	33.3	33.3	3	1464	2600	2762	2	122.8	124.2	122.2
15.2	15.3	15.5	1	2166	2650	406	2	153.2	155.2	153.7

图 6-60　11 月 4 日 11：30，距离到期 18 天

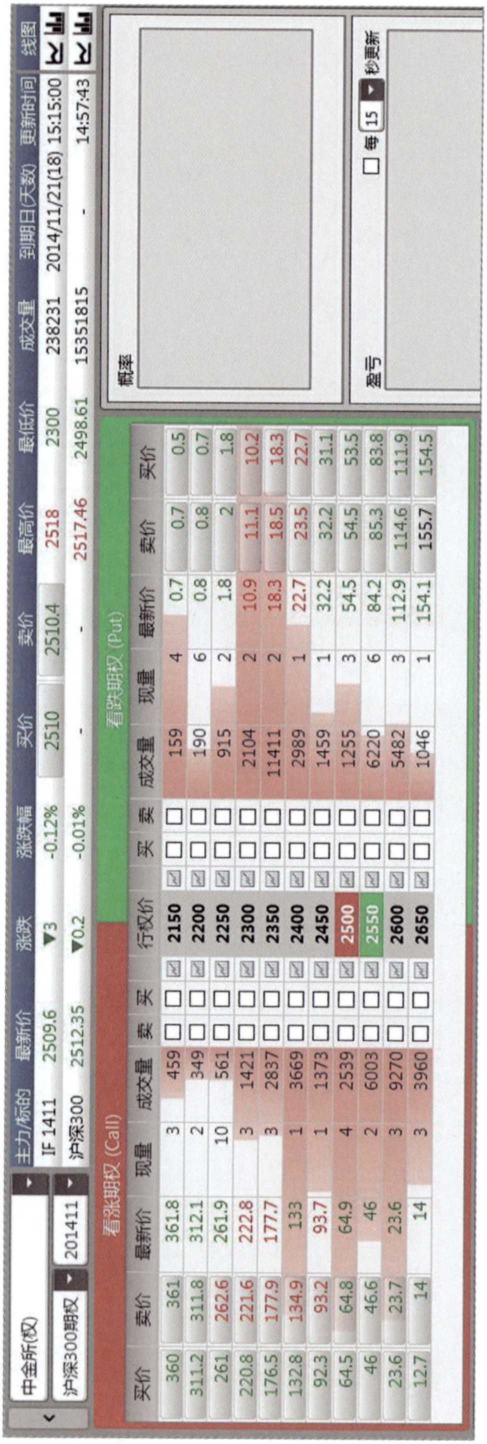

主力/标的	最新价	涨跌	涨跌幅	买价	卖价	最高价	最低价	成交量	到期日(天数)	更新时间	线图
IF 1411	2509.6	▼3	-0.12%	2510	2510.4	2518	2300	238231	2014/11/21(18)	15:15:00	
沪深300	2512.35	▼0.2	-0.01%	-	-	2517.46	2498.61	15351815	-	14:57:43	

看涨期权 (Call)								看跌期权 (Put)						
买价	卖价	最新价	现量	成交量	卖	买	行权价	买	卖	成交量	现量	最新价	卖价	买价
360	361	361.8	3	459	□	□	2150	□	□	159	4	0.7	0.7	0.5
311.2	311.8	312.1	2	349	□	□	2200	□	□	190	6	0.8	0.8	0.7
261	262.6	261.9	10	561	□	□	2250	□	□	915	2	1.8	2	1.8
220.8	221.6	222.8	3	1421	□	□	2300	□	□	2104	2	10.9	11.1	10.2
176.5	177.9	177.7	3	2837	□	□	2350	□	□	11411	2	18.3	18.5	18.3
132.8	134.9	133	1	3669	□	□	2400	□	□	2989	1	22.7	23.5	22.7
92.3	93.2	93.7	1	1373	□	□	2450	□	□	1459	1	32.2	32.2	31.1
64.5	64.8	64.9	4	2539	□	□	2500	□	□	1255	3	54.5	54.5	53.5
46	46.6	46	2	6003	□	□	2550	□	□	6220	6	84.2	85.3	83.8
23.6	23.7	23.6	3	9270	□	□	2600	□	□	5482	3	112.9	114.6	111.9
12.7	14	14	3	3960	□	□	2650	□	□	1046	1	154.1	155.7	154.5

图 6-61　11 月 4 日收盘

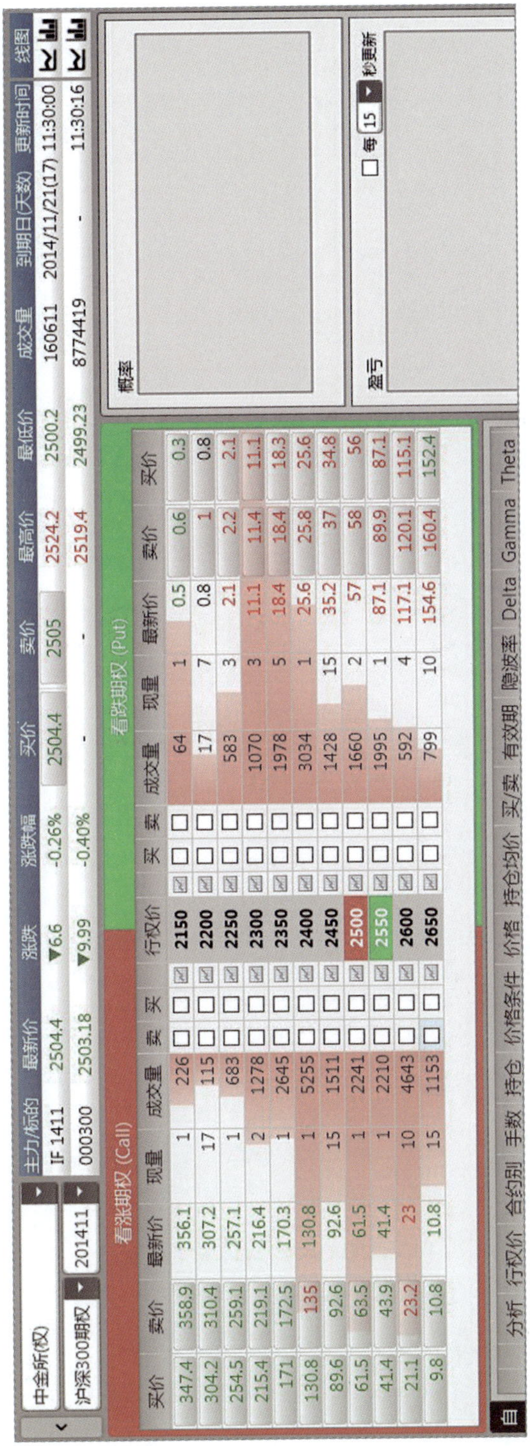

主力/标的	最新价	涨跌	涨跌幅	买价	卖价	最高价	最低价	成交量	到期日(天数)	更新时间
IF 1411	2504.4	▼6.6	-0.26%	2504.4	2505	2524.2	2500.2	160611	2014/11/21(17)	11:30:00
000300	2503.18	▼9.99	-0.40%	-	-	2519.4	2499.23	8774419	-	11:30:16

看涨期权 (Call)								看跌期权 (Put)						
买价	卖价	最新价	现量	成交量	卖	买	行权价	买	卖	成交量	现量	最新价	卖价	买价
347.4	358.9	356.1	1	226	□	□	2150	□	□	64	1	0.5	0.6	0.3
304.2	310.4	307.2	17	115	□	□	2200	□	□	17	7	0.8	1	0.8
254.5	259.1	257.1	1	683	□	□	2250	□	□	583	3	2.1	2.2	2.1
215.4	219.1	216.4	2	1278	□	□	2300	□	□	1070	3	11.1	11.4	11.1
171	172.5	170.3	1	2645	□	□	2350	□	□	1978	5	18.4	18.4	18.3
130.8	135	130.8	1	5255	□	□	2400	□	□	3034	1	25.6	25.8	25.6
89.6	92.6	92.6	15	1511	□	□	2450	□	□	1428	15	35.2	37	34.8
61.5	63.5	61.5	1	2241	□	□	2500	□	□	1660	2	57	58	56
41.4	43.9	41.4	1	2210	□	□	2550	□	□	1995	1	87.1	89.9	87.1
21.1	23.2	23	10	4643	□	□	2600	□	□	592	4	117.1	120.1	115.1
9.8	10.8	10.8	15	1153	□	□	2650	□	□	799	10	154.6	160.4	152.4

图 6-62 11 月 5 日 11：30，距离到期 17 天

中金所(权)　沪深300期权　201411

主力/标的	最新价	涨跌	涨跌幅	买价	卖价	最高价	最低价	成交量	到期日(天数)	更新时间	线图
IF 1411	2514	▲3	0.12%	2514	2514.2	2524.2	2500.2	292007	2014/11/21(17)	15:15:00	
000300	2503.45	▼9.72	-0.39%	-	-	2519.4	2499.23	14613090	-	15:01:05	

看涨期权 (Call)								看跌期权 (Put)						
买价	卖价	最新价	现量	成交量	卖	买	行权价	买	卖	成交量	现量	最新价	卖价	买价
363.9	364.8	362.3	2	562	□	□	2150	□	□	151	8	0.5	0.6	0.5
314.9	315.6	314.2	20	348	□	□	2200	□	□	137	1	1.1	1.4	1.2
265.3	265.6	265.3	5	900	□	□	2250	□	□	1405	2	2.5	2.6	2.1
222.5	223.7	223.2	5	3296	□	□	2300	□	□	7833	6	10.4	10.8	10.4
179	180.1	178.2	2	5063	□	□	2350	□	□	3949	2	17.2	17.2	16.7
137.6	138	137.8	3	12970	□	□	2400	□	□	5617	1	24.8	24.6	24
100.4	100.6	100.3	1	3030	□	□	2450	□	□	2460	8	37.4	37.1	36.8
66.4	67.7	67.2	2	4300	□	□	2500	□	□	3685	3	55	55.7	55
45	45.6	45.2	9	6764	□	□	2550	□	□	4539	9	82.5	82.8	82.1
24	24.5	24.5	9	9639	□	□	2600	□	□	1470	9	112.5	111.9	111.3
14.3	14.7	14.4	6	2252	□	□	2650	□	□	1937	1	155	152.2	150.9

概率

盈亏　□ 每 15 秒更新

图 6-63　11 月 5 日收盘

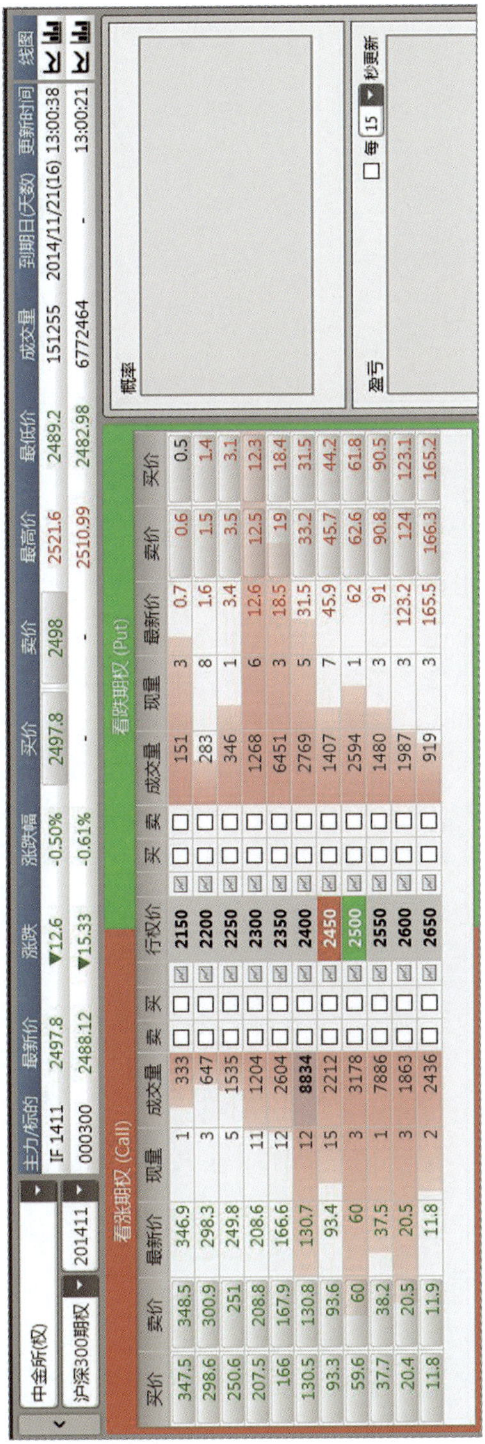

主力/标的	最新价	涨跌	涨跌幅	买价	卖价	最高价	最低价	成交量	到期日(天数)	更新时间
IF 1411	2497.8	▼12.6	-0.50%	2497.8	2498	2521.6	2489.2	151255	2014/11/21(16)	13:00:38
000300	2488.12	▼15.33	-0.61%	-	-	2510.99	2482.98	6772464	-	13:00:21

看涨期权 (Call)						看跌期权 (Put)				
买价	卖价	最新价	现量	成交量	行权价	成交量	现量	最新价	卖价	买价
347.5	348.5	346.9	1	333	2150	151	3	0.7	0.6	0.5
298.6	300.9	298.3	3	647	2200	283	8	1.6	1.5	1.4
250.6	251	249.8	5	1535	2250	346	1	3.4	3.5	3.1
207.5	208.8	208.6	11	1204	2300	1268	6	12.6	12.5	12.3
166	167.9	166.6	12	2604	2350	6451	3	18.5	19	18.4
130.5	130.8	130.7	12	8834	2400	2769	5	31.5	33.2	31.5
93.3	93.6	93.4	15	2212	2450	1407	7	45.9	45.7	44.2
59.6	60	60	3	3178	2500	2594	1	62	62.6	61.8
37.7	38.2	37.5	1	7886	2550	1480	3	91	90.8	90.5
20.4	20.5	20.5	3	1863	2600	1987	3	123.2	124	123.1
11.8	11.9	11.8	2	2436	2650	919	3	165.5	166.3	165.2

图 6-64 11 月 6 日 11：30，距离到期 16 天

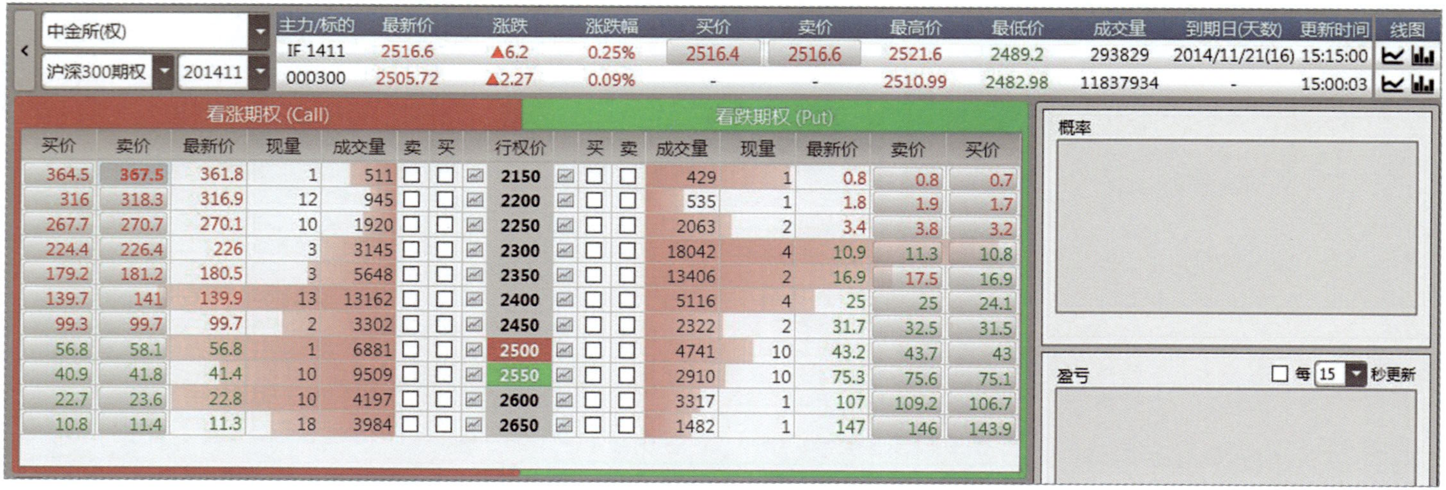

中金所(权) | 沪深300期权 | 201411

主力/标的	最新价	涨跌	涨跌幅	买价	卖价	最高价	最低价	成交量	到期日(天数)	更新时间	线图
IF 1411	2516.6	▲6.2	0.25%	2516.4	2516.6	2521.6	2489.2	293829	2014/11/21(16)	15:15:00	📈 📊
000300	2505.72	▲2.27	0.09%	-	-	2510.99	2482.98	11837934	-	15:00:03	📈 📊

看涨期权 (Call)												看跌期权 (Put)					
买价	卖价	最新价	现量	成交量	卖	买		行权价		买	卖	成交量	现量	最新价	卖价	买价	
364.5	367.5	361.8	1	511	☐	☐	📈	2150	📈	☐	☐	429	1	0.8	0.8	0.7	
316	318.3	316.9	12	945	☐	☐	📈	2200	📈	☐	☐	535	1	1.8	1.9	1.7	
267.7	270.7	270.1	10	1920	☐	☐	📈	2250	📈	☐	☐	2063	2	3.4	3.8	3.2	
224.4	226.4	226	3	3145	☐	☐	📈	2300	📈	☐	☐	18042	4	10.9	11.3	10.8	
179.2	181.2	180.5	3	5648	☐	☐	📈	2350	📈	☐	☐	13406	2	16.9	17.5	16.9	
139.7	141	139.9	13	13162	☐	☐	📈	2400	📈	☐	☐	5116	4	25	25	24.1	
99.3	99.7	99.7	2	3302	☐	☐	📈	2450	📈	☐	☐	2322	2	31.7	32.5	31.5	
56.8	58.1	56.8	1	6881	☐	☐	📈	2500	📈	☐	☐	4741	10	43.2	43.7	43	
40.9	41.8	41.4	10	9509	☐	☐	📈	2550	📈	☐	☐	2910	10	75.3	75.6	75.1	
22.7	23.6	22.8	10	4197	☐	☐	📈	2600	📈	☐	☐	3317	1	107	109.2	106.7	
10.8	11.4	11.3	18	3984	☐	☐	📈	2650	📈	☐	☐	1482	1	147	146	143.9	

概率

盈亏 ☐ 每 15 秒更新

图 6-65 11 月 6 日收盘

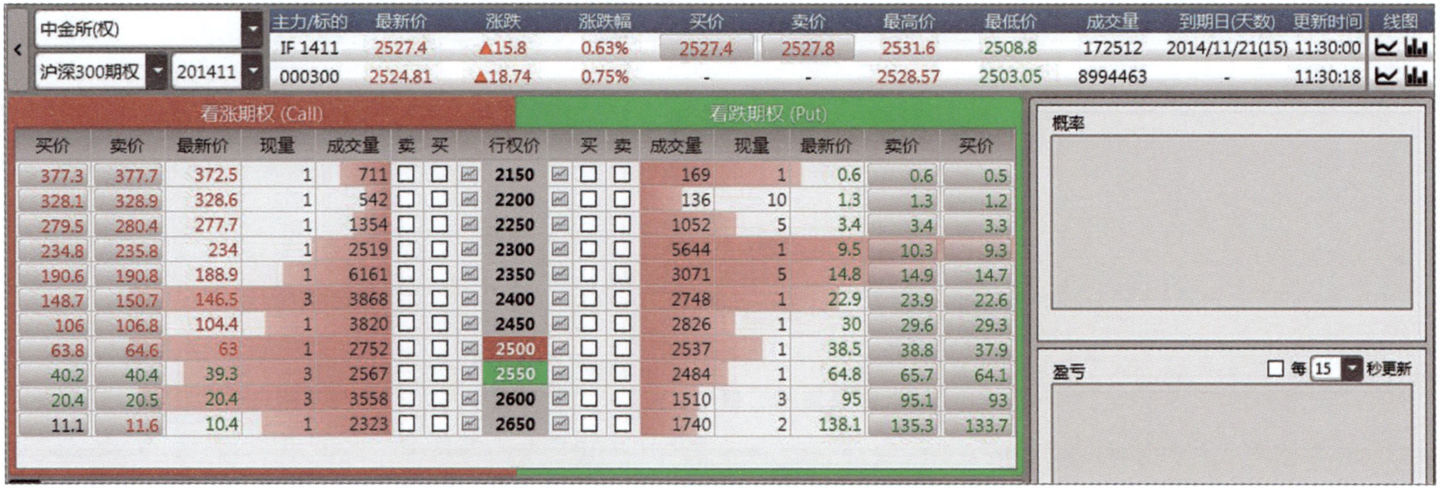
中金所(权)
沪深300期权 201411
主力/标的 最新价 涨跌 涨跌幅 买价 卖价 最高价 最低价 成交量 到期日(天数) 更新时间 线图
IF 1411 2527.4 ▲15.8 0.63% 2527.4 2527.8 2531.6 2508.8 172512 2014/11/21(15) 11:30:00
000300 2524.81 ▲18.74 0.75% - - 2528.57 2503.05 8994463 - 11:30:18
看涨期权 (Call)
看跌期权 (Put)
买价 卖价 最新价 现量 成交量 卖 买 行权价 买 卖 成交量 现量 最新价 卖价 买价
377.3 377.7 372.5 1 711 2150 169 1 0.6 0.6 0.5
328.1 328.9 328.6 1 542 2200 136 10 1.3 1.3 1.2
279.5 280.4 277.7 1 1354 2250 1052 5 3.4 3.4 3.3
234.8 235.8 234 1 2519 2300 5644 1 9.5 10.3 9.3
190.6 190.8 188.9 1 6161 2350 3071 5 14.8 14.9 14.7
148.7 150.7 146.5 3 3868 2400 2748 1 22.9 23.9 22.6
106 106.8 104.4 1 3820 2450 2826 1 30 29.6 29.3
63.8 64.6 63 1 2752 2500 2537 1 38.5 38.8 37.9
40.2 40.4 39.3 3 2567 2550 2484 1 64.8 65.7 64.1
20.4 20.5 20.4 3 3558 2600 1510 3 95 95.1 93
11.1 11.6 10.4 1 2323 2650 1740 2 138.1 135.3 133.7
概率
盈亏
每 15 秒更新

图 6-66　11 月 7 日，距离到期 15 天

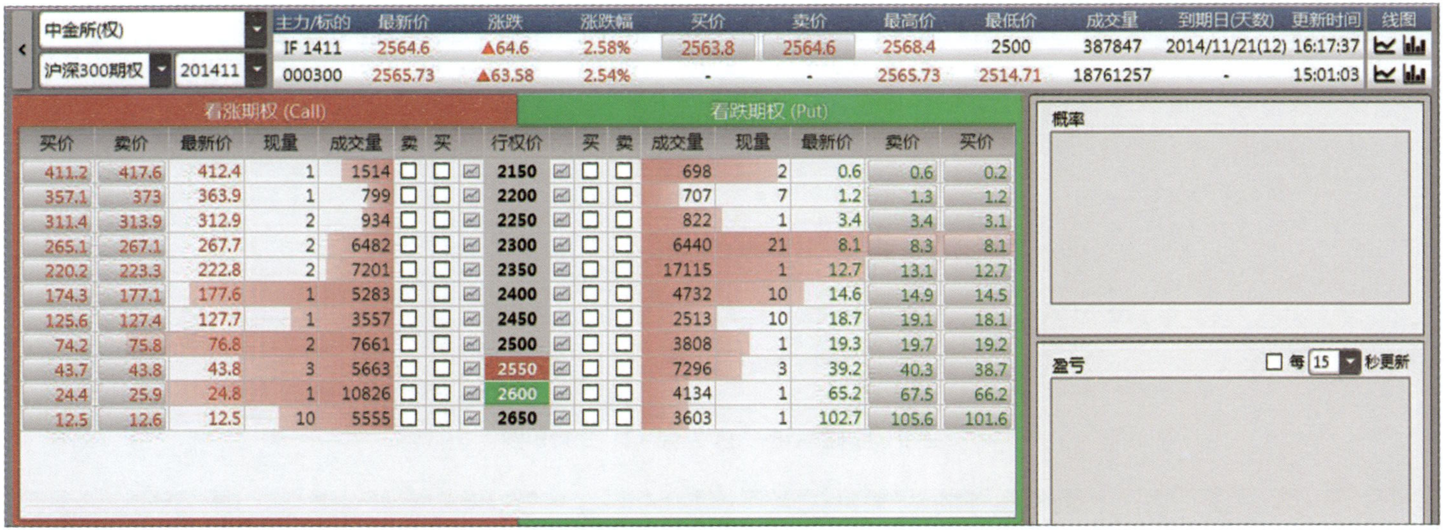

中金所(权)

沪深300期权 201411

主力/标的	最新价	涨跌	涨跌幅	买价	卖价	最高价	最低价	成交量	到期日(天数)	更新时间
IF 1411	2564.6	▲64.6	2.58%	2563.8	2564.6	2568.4	2500	387847	2014/11/21(12)	16:17:37
000300	2565.73	▲63.58	2.54%	-	-	2565.73	2514.71	18761257	-	15:01:03

看涨期权 (Call)							看跌期权 (Put)						
买价	卖价	最新价	现量	成交量	卖	买	行权价	买	卖	成交量	现量	最新价	卖价	买价
411.2	417.6	412.4	1	1514	☐	☐	2150	☐	☐	698	2	0.6	0.6	0.2
357.1	373	363.9	1	799	☐	☐	2200	☐	☐	707	7	1.2	1.3	1.2
311.4	313.9	312.9	2	934	☐	☐	2250	☐	☐	822	1	3.4	3.4	3.1
265.1	267.1	267.7	2	6482	☐	☐	2300	☐	☐	6440	21	8.1	8.3	8.1
220.2	223.3	222.8	2	7201	☐	☐	2350	☐	☐	17115	1	12.7	13.1	12.7
174.3	177.1	177.6	1	5283	☐	☐	2400	☐	☐	4732	10	14.6	14.9	14.5
125.6	127.4	127.7	1	3557	☐	☐	2450	☐	☐	2513	10	18.7	19.1	18.1
74.2	75.8	76.8	2	7661	☐	☐	2500	☐	☐	3808	1	19.3	19.7	19.2
43.7	43.8	43.8	3	5663	☐	☐	2550	☐	☐	7296	3	39.2	40.3	38.7
24.4	25.9	24.8	1	10826	☐	☐	2600	☐	☐	4134	1	65.2	67.5	66.2
12.5	12.6	12.5	10	5555	☐	☐	2650	☐	☐	3603	1	102.7	105.6	101.6

图 6-67　11 月 10 日，距离到期 12 天

主力/标的	最新价	涨跌	涨跌幅	买价	卖价	最高价	最低价	成交量	到期日(天数)	更新时间
IF 1411	2549.2	▼6.4	-0.25%	2548.4	2549.2	2591	2532.2	475297	2014/11/21(11)	15:15:00
000300	2558.61	▼7.12	-0.28%	-	-	2602.37	2532.57	26584051	-	15:01:10

买价	卖价	最新价	现量	成交量	卖	买	行权价	买	卖	成交量	现量	最新价	卖价	买价
204.7	597.9	400.1	1	387	☐	☐	2150	☐	☐	299	1	0.2	0.3	0.2
342.2	358.5	347.2	10	738	☐	☐	2200	☐	☐	867	10	2	2.2	1.7
300.1	303.5	298.5	1	1211	☐	☐	2250	☐	☐	697	1	3.5	3.5	3.4
255.3	256.8	256.5	1	1957	☐	☐	2300	☐	☐	6112	20	7.3	8.1	7.3
209.2	210	207.1	1	3884	☐	☐	2350	☐	☐	8947	1	11.5	11.8	11.5
163.9	165.5	164.4	1	6304	☐	☐	2400	☐	☐	2284	2	12.6	12.8	12.6
115.3	116.8	113.9	1	4271	☐	☐	2450	☐	☐	2658	10	14	14.4	13.5
71.2	72.7	71.3	1	7063	☐	☐	2500	☐	☐	4881	1	21.6	22.1	21.6
41.6	42.4	41.7	1	7120	☐	☐	2550	☐	☐	5905	2	42.7	42.5	41.4
27	28.3	27.3	3	8306	☐	☐	2600	☐	☐	4422	42	75	77.4	75.4
14.2	14.7	14.4	5	9952	☐	☐	2650	☐	☐	6551	2	113.7	114.5	113.3
2.2	3.5	2.4	1	406	☐	☐	2700	☐	☐	30	5	130.4	267.1	130.5

图 6-68　11 月 11 日，距离到期 11 天

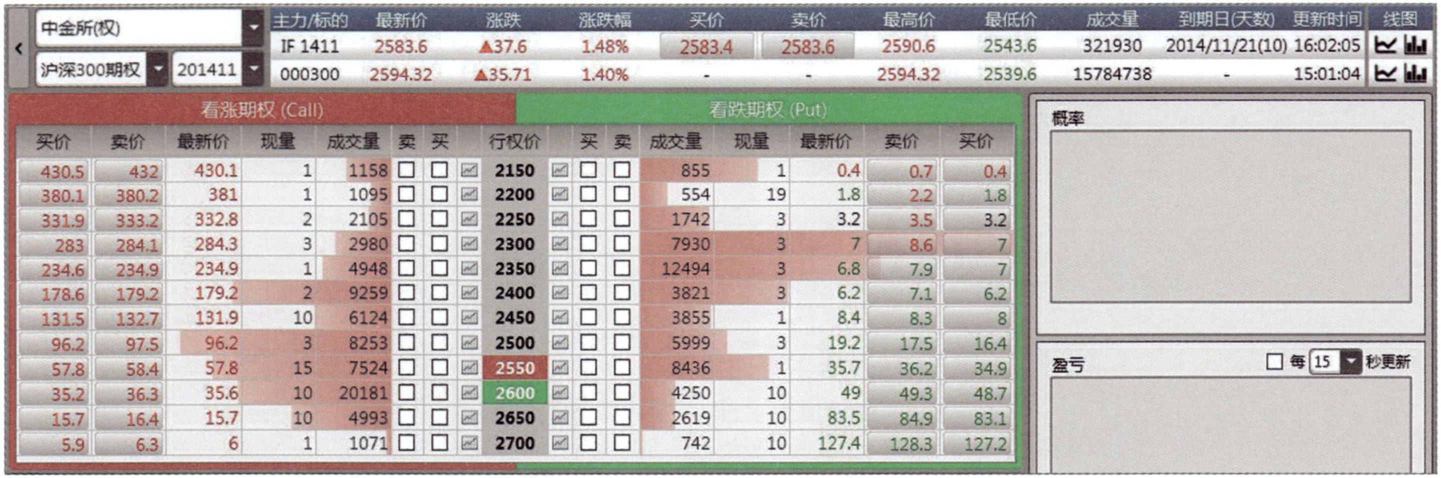

中金所(权)	主力/标的	最新价	涨跌	涨跌幅	买价	卖价	最高价	最低价	成交量	到期日(天数)	更新时间
沪深300期权 201411	IF 1411	2583.6	▲37.6	1.48%	2583.4	2583.6	2590.6	2543.6	321930	2014/11/21(10)	16:02:05
	000300	2594.32	▲35.71	1.40%	-	-	2594.32	2539.6	15784738	-	15:01:04

看涨期权 (Call)							看跌期权 (Put)					
买价	卖价	最新价	现量	成交量	卖	买	行权价	买	卖	成交量	现量	最新价	卖价	买价
430.5	432	430.1	1	1158	□	□	2150	□	□	855	1	0.4	0.7	0.4
380.1	380.2	381	1	1095	□	□	2200	□	□	554	19	1.8	2.2	1.8
331.9	333.2	332.8	2	2105	□	□	2250	□	□	1742	3	3.2	3.5	3.2
283	284.1	284.3	3	2980	□	□	2300	□	□	7930	3	7	8.6	7
234.6	234.9	234.9	1	4948	□	□	2350	□	□	12494	3	6.8	7.9	7
178.6	179.2	179.2	2	9259	□	□	2400	□	□	3821	3	6.2	7.1	6.2
131.5	132.7	131.9	10	6124	□	□	2450	□	□	3855	1	8.4	8.3	8
96.2	97.5	96.2	3	8253	□	□	2500	□	□	5999	3	19.2	17.5	16.4
57.8	58.4	57.8	15	7524	□	□	2550	□	□	8436	1	35.7	36.2	34.9
35.2	36.3	35.6	10	20181	□	□	2600	□	□	4250	10	49	49.3	48.7
15.7	16.4	15.7	10	4993	□	□	2650	□	□	2619	10	83.5	84.9	83.1
5.9	6.3	6	1	1071	□	□	2700	□	□	742	10	127.4	128.3	127.2

图 6-69　11 月 12 日，距离到期 10 天

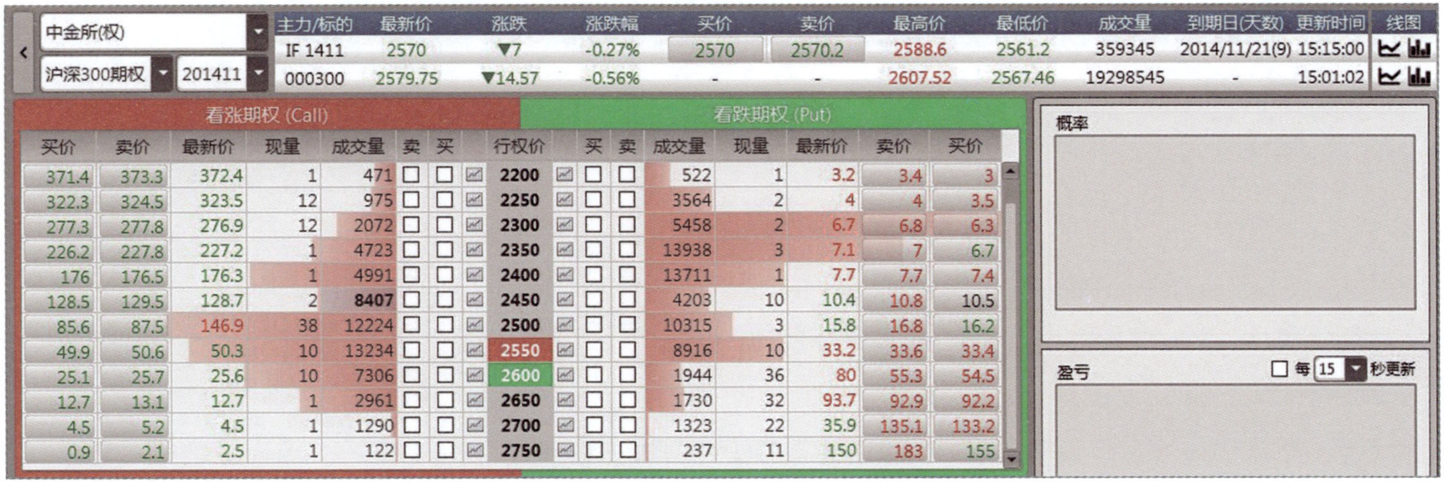

中金所(权)
沪深300期权 201411

主力/标的	最新价	涨跌	涨跌幅	买价	卖价	最高价	最低价	成交量	到期日(天数)	更新时间
IF 1411	2570	▼7	-0.27%	2570	2570.2	2588.6	2561.2	359345	2014/11/21(9)	15:15:00
000300	2579.75	▼14.57	-0.56%	-	-	2607.52	2567.46	19298545	-	15:01:02

看涨期权 (Call)									看跌期权 (Put)						
买价	卖价	最新价	现量	成交量	卖	买	行权价	买	卖	成交量	现量	最新价	卖价	买价
371.4	373.3	372.4	1	471	☐	☐	2200	☐	☐	522	1	3.2	3.4	3
322.3	324.5	323.5	12	975	☐	☐	2250	☐	☐	3564	2	4	4	3.5
277.3	277.8	276.9	12	2072	☐	☐	2300	☐	☐	5458	2	6.7	6.8	6.3
226.2	227.8	227.2	1	4723	☐	☐	2350	☐	☐	13938	3	7.1	7	6.7
176	176.5	176.3	1	4991	☐	☐	2400	☐	☐	13711	1	7.7	7.7	7.4
128.5	129.5	128.7	2	8407	☐	☐	2450	☐	☐	4203	10	10.4	10.8	10.5
85.6	87.5	146.9	38	12224	☐	☐	2500	☐	☐	10315	3	15.8	16.8	16.2
49.9	50.6	50.3	10	13234	☐	☐	2550	☐	☐	8916	10	33.2	33.6	33.4
25.1	25.7	25.6	10	7306	☐	☐	2600	☐	☐	1944	36	80	55.3	54.5
12.7	13.1	12.7	1	2961	☐	☐	2650	☐	☐	1730	32	93.7	92.9	92.2
4.5	5.2	4.5	1	1290	☐	☐	2700	☐	☐	1323	22	35.9	135.1	133.2
0.9	2.1	2.5	1	122	☐	☐	2750	☐	☐	237	11	150	183	155

概率

盈亏 ☐ 每 15 秒更新

图 6-70　11 月 13 日，距离到期 9 天

中金所(权)

沪深300期权 201411

主力/标的	最新价	涨跌	涨跌幅	买价	卖价	最高价	最低价	成交量	到期日(天数)	更新时间	线图
IF 1411	2567.6	▼6	-0.23%	2567.6	2568	2572.4	2558.4	151438	2014/11/21(8)	11:30:00	
000300	2575.62	▼4.13	-0.16%	-	-	2577.32	2558.53	8676105	-	11:30:18	

看涨期权 (Call)								看跌期权 (Put)						
买价	卖价	最新价	现量	成交量	卖	买	行权价	买	卖	成交量	现量	最新价	卖价	买价
367.3	370.3	369	10	590	□	□	2200	□	□	297	2	2.9	3.6	2.6
316.3	325.3	317.1	1	663	□	□	2250	□	□	1690	4	3.5	4.5	3.5
271.9	273.9	269.3	10	1816	□	□	2300	□	□	13774	10	5.7	5.9	5.5
222.1	226.9	224.7	10	1761	□	□	2350	□	□	10713	1	6.9	7.9	6.2
172.8	174.8	175	10	4698	□	□	2400	□	□	10635	3	7	7.8	6.4
124.2	129	126.3	10	2608	□	□	2450	□	□	2923	9	9	9.6	9
83.1	85.2	83.7	1	7148	□	□	2500	□	□	2826	2	15.6	17.2	15.7
50.1	51.1	51.1	2	9107	□	□	2550	□	□	4640	1	33.4	34.1	32.9
25.2	27.1	27.1	1	24886	□	□	2600	□	□	2997	1	57.4	60.7	56.6
11.7	12.7	11.9	1	1021	□	□	2650	□	□	577	10	94.3	97.1	94.1
4.2	4.9	4.6	20	567	□	□	2700	□	□	246	10	138.1	141.6	131.6
1.3	1.8	1.5	4	99	□	□	2750	□	□	36	1	187.6	435	5

概率

盈亏 □ 每 15 秒更新

图 6-71 11 月 14 日，距离到期 8 天

主力/标的	最新价	涨跌	涨跌幅	买价	卖价	最高价	最低价	成交量	到期日(天数)	更新时间
IF 1411	2552.8	▼15	-0.58%	2553	2553.2	2570	2543	129847	2014/11/21(4)	11:30:00
000300	2550.67	▼16.43	-0.64%	-	-	2570.21	2540.61	7210733	-	11:30:13

看涨期权 (Call) 买价	卖价	最新价	现量	成交量	行权价	看跌期权 (Put) 成交量	现量	最新价	卖价	买价
354.3	357.3	353.7	10	420	2200	124	10	2.3	2.7	2
304.7	307.7	301.1	10	322	2250	618	5	3.5	3.6	2.9
256.8	258.8	257	12	510	2300	1031	4	5.6	5.8	5
208.4	210.4	208.4	3	1116	2350	1863	8	7.6	7.6	7.1
159.1	159.6	159.2	10	7446	2400	2674	10	7.6	8	7.6
110.9	111.1	110.4	1	6764	2450	3387	9	8.7	8.7	8.4
71.3	71.8	70.8	10	5854	2500	3721	10	19.5	19.4	19.1
46.7	47.1	46.3	10	5261	2550	5453	10	45.7	45.7	45.4
22.5	23	22.5	3	3557	2600	5417	10	70.3	69.4	69
8.6	8.9	8.8	3	5120	2650	6399	3	106.8	107.2	106.7
5.6	6.8	6.1	3	1035	2700	1682	3	154.9	153.6	150.3
3.1	6.1	3.1	10	353	2750	429	3	202.1	200.9	196

图 6-72　11 月 18 日，距离到期 4 天

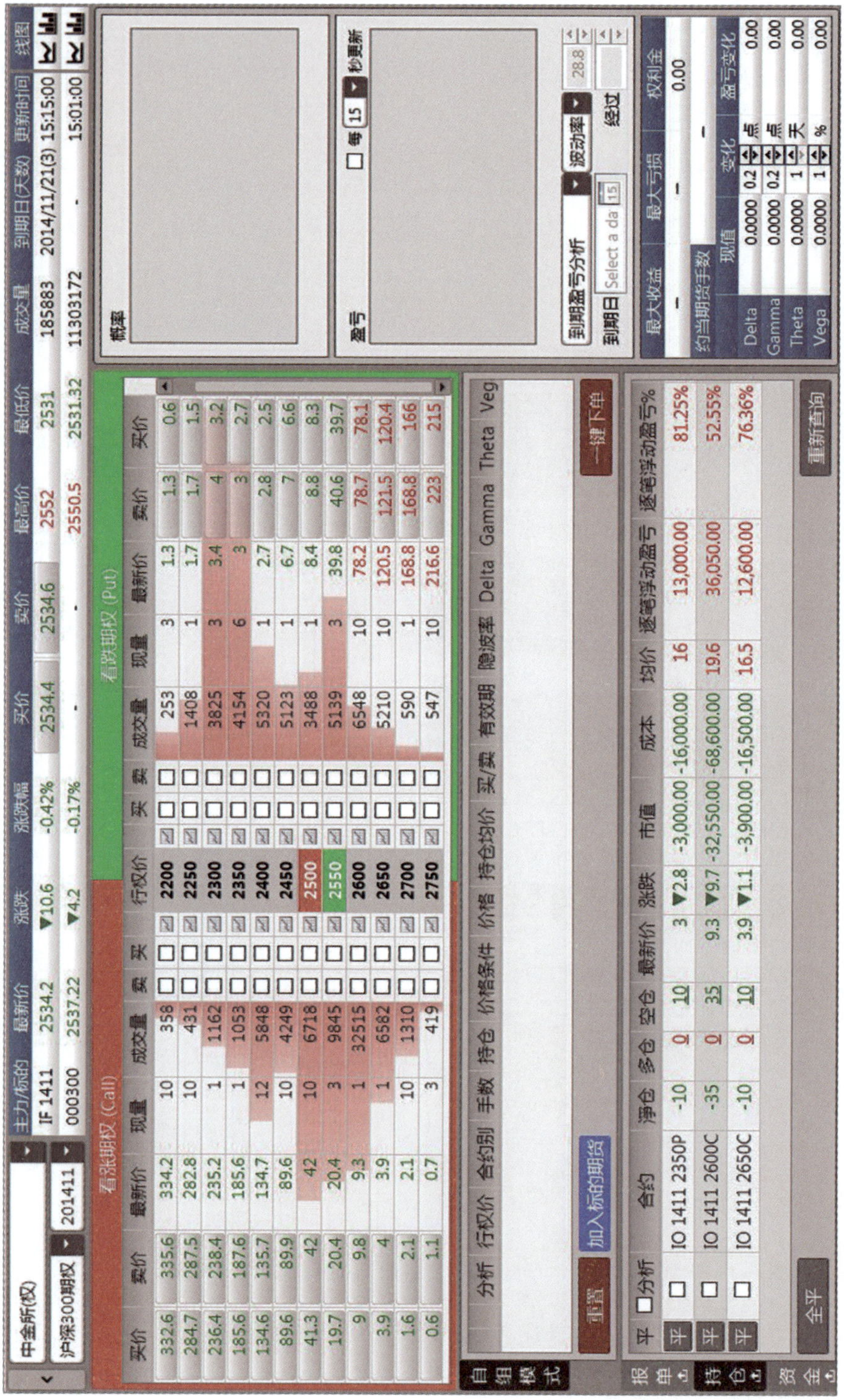

图 6-73 11 月 19 日，距离到期 3 天

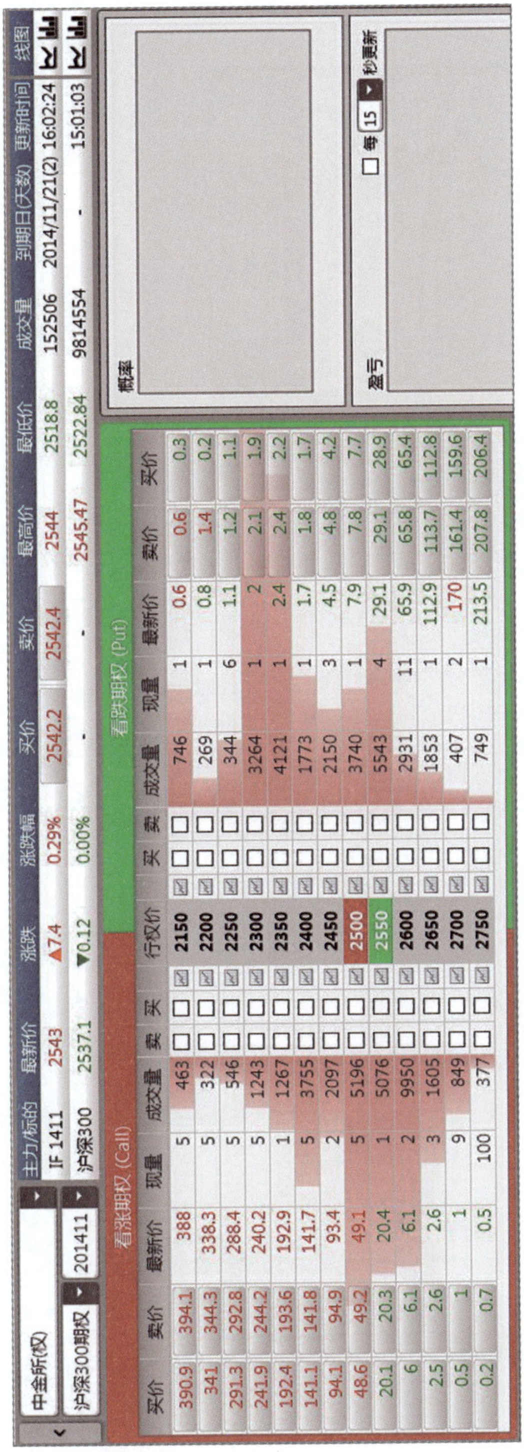

主力/标的	最新价	涨跌	涨跌幅	买价	卖价	最高价	最低价	成交量	到期日(天数)	更新时间
IF 1411	2543	▲7.4	0.29%	2542.2	2542.4	2544	2518.8	152506	2014/11/21(2)	16:02:24
沪深300	2537.1	▼0.12	0.00%	-	-	2545.47	2522.84	9814554	-	15:01:03

看涨期权 (Call)						看跌期权 (Put)				
买价	卖价	最新价	现量	成交量	行权价	成交量	现量	最新价	卖价	买价
390.9	394.1	388	5	463	2150	746	1	0.6	0.6	0.3
341	344.3	338.3	5	322	2200	269	1	0.8	1.4	0.2
291.3	292.8	288.4	5	546	2250	344	6	1.1	1.2	1.1
241.9	244.2	240.2	5	1243	2300	3264	1	2	2.1	1.9
192.4	193.6	192.9	1	1267	2350	4121	1	2.4	2.4	2.2
141.1	141.8	141.7	5	3755	2400	1773	1	1.7	1.8	1.7
94.1	94.9	93.4	2	2097	2450	2150	3	4.5	4.8	4.2
48.6	49.2	49.1	5	5196	2500	3740	1	7.9	7.8	7.7
20.1	20.3	20.4	1	5076	2550	5543	4	29.1	29.1	28.9
6	6.1	6.1	2	9950	2600	2931	11	65.9	65.8	65.4
2.5	2.6	2.6	3	1605	2650	1853	1	112.9	113.7	112.8
0.5	1	1	9	849	2700	407	2	170	161.4	159.6
0.2	0.7	0.5	100	377	2750	749	1	213.5	207.8	206.4

图 6-74　11 月 20 日，距离到期 2 天

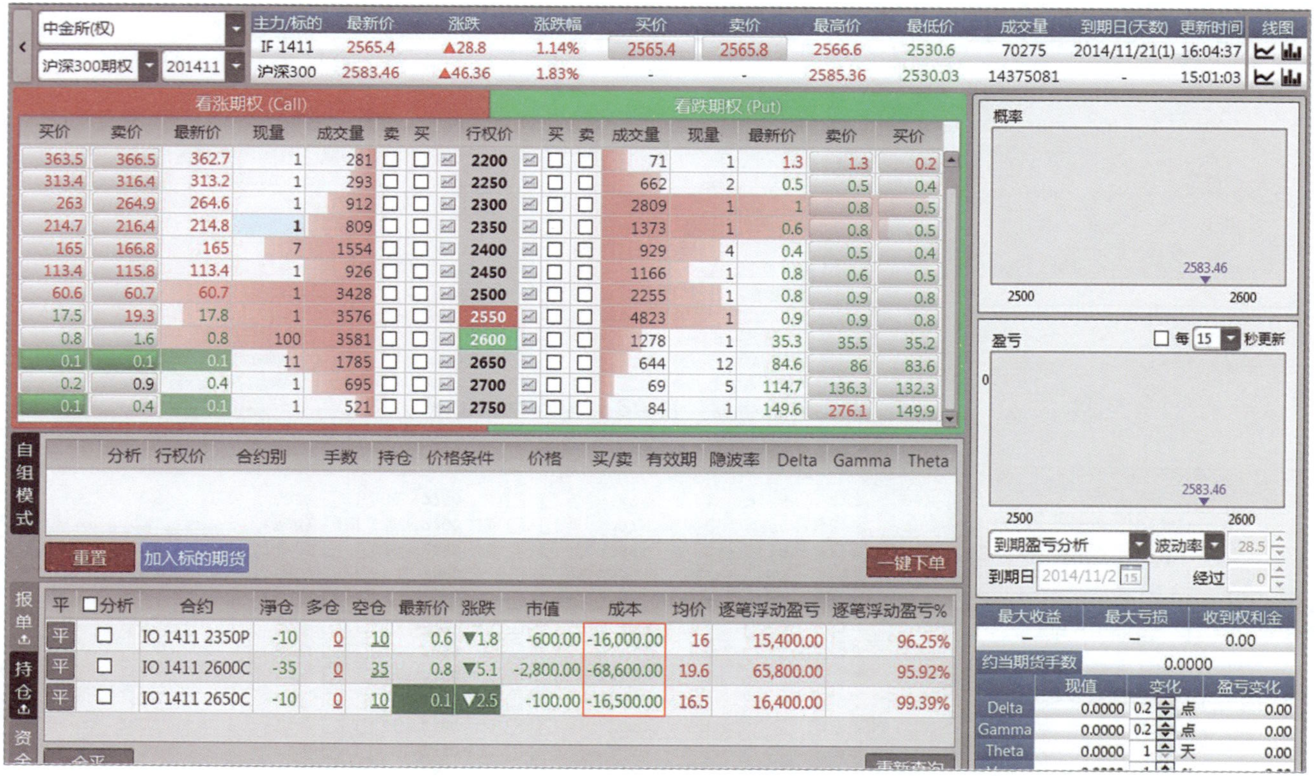

图 6-75 11 月 21 日，最后交易日

IO1411 合约到期，不被行权的 Call 收取全部权利金，收益达到 10.11%。

注：以 100 万元资金为例，3 个行权价卖出的 Put，收取的权利金总和为 101100（16000+68600+16500），得到期收益率为 10.11%。

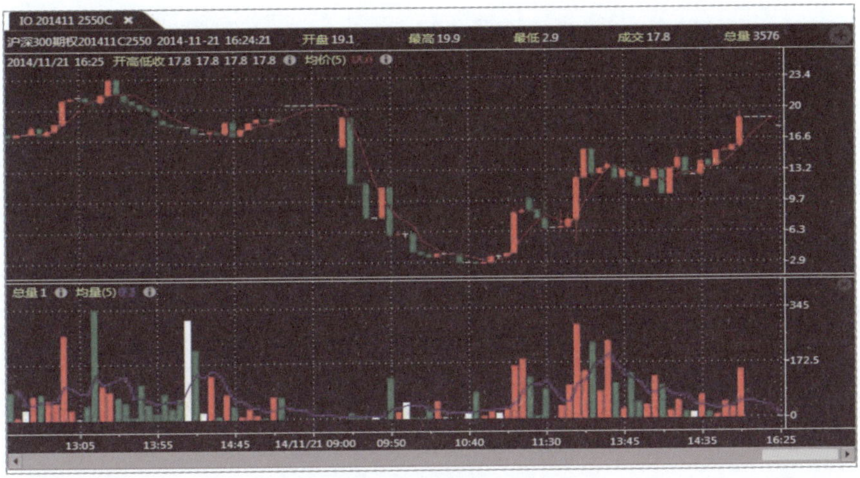

图 6–76　高杠杆交易机会

1411 合约到期当日，2550C 的走势，这又是一个将期权当做高杠杆期货交易的好时机。在 2 小时的交易时间里收益率高达 500% 以上。重点是，控制风险。

6.7　期权合约的转仓交易

转仓是指在期权交易过程中，平掉手中现有的仓位，选择更高或更低的行权价格，买入或卖出开仓的交易方法。

转仓交易的优势在于：

1. 降低风险；
2. 锁定利润；
3. 提高资金使用效率；
4. 增加获利空间。

6.7.1 四个基本期权交易的转仓操作

Buy Call（买入看涨期权、买入认购期权）：

平掉手中现有的仓位，买入更高行权价的 Call，锁定利润，提高资金使用效率。

Buy Put（买入看跌期权、买入认沽期权）：

平掉手中现有的仓位，买入更低行权价的 Put，锁定利润，提高资金使用效率。

Sell Call（卖出看涨期权、卖出认购期权）：

平掉手中现有的仓位，卖出更高行权价的 Call，降低被行权风险。

平掉手中现有的仓位，卖出更低行权价的 Call，增加获利空间。

Sell Put（卖出看跌期权、卖出认沽期权）：

平掉手中现有的仓位，卖出更低行权价的 Put，降低被行权风险。

平掉手中现有的仓位，卖出更高行权价的 Put，增加获利空间。

6.7.2 转仓操作在临近到期，高杠杆交易当中的应用

以 IO1406 合约临近到期日的操作为案例：

6 月 19 日，在距离到期日还有 2 个交易日时，平值期权在 2150 附近变化，在市场处于高位，平值期权附近行权价时间价值很少的时候，考虑市场下跌，选择寻找做空的交易机会。在标的期货上午处于 2163 点附近时，选择买入 2200P 和 2250P，当时报价分别为 37 和 83.2。指数如期下跌，内涵价值快速上涨，见图 6-77。

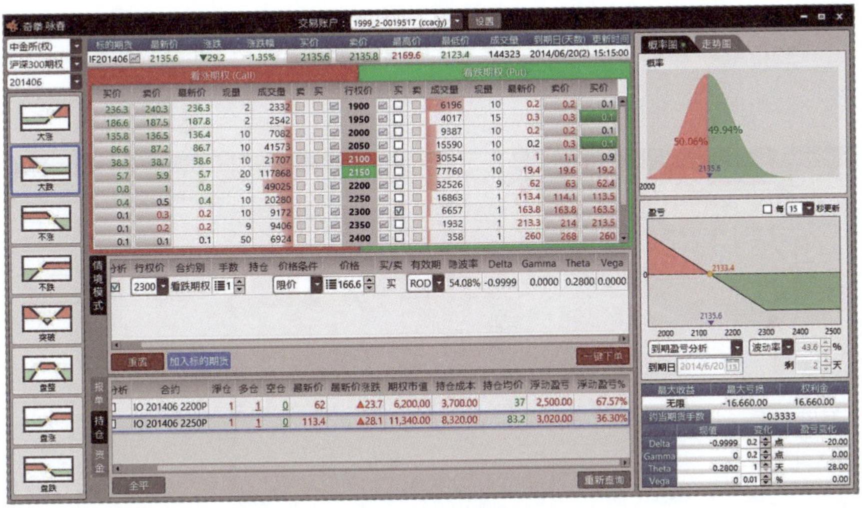

图 6-77 合约到期前两天的交易

如 6 月 20 日 11：30，到期日当天，标的期货中午收盘跌至 2129.4 点，2200P 价格为 71，2250P 价格为 121。

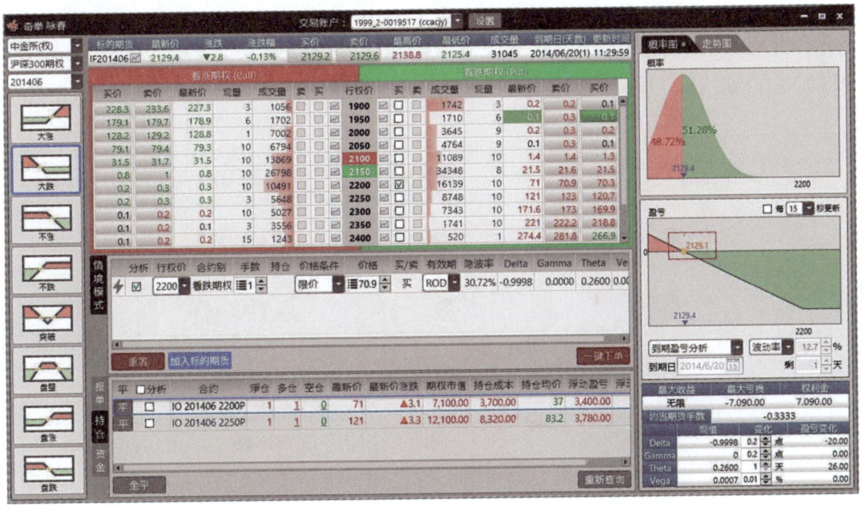

图 6-78 1406 合约到期当日中午

收盘时，最终收盘结算价为 2130。两笔交易两天的收益率分别为：

2200P——89.46%

2250P——43.87%

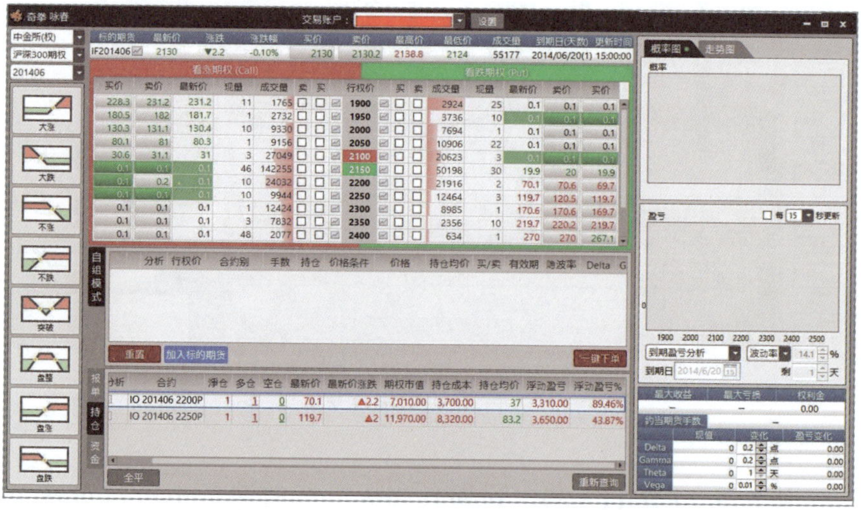

图 6-79　1406 合约到期当日收盘情况

通过对比，我们来分析一下转仓交易对锁定利润，提高资金使用效率的意义。见图 6-80。

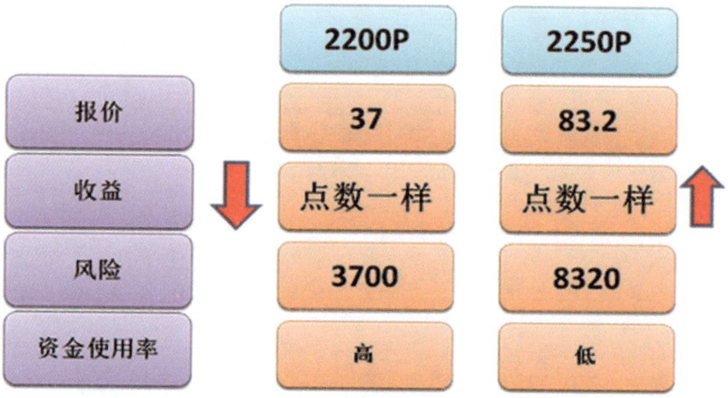

图 6-80　转仓交易对比

在同样看空市场的前提下，就需要选择适合的行权价进行开仓。2200P 的报价更便宜，资金使用效率更高，在赚取点数一样的情况下，收益率却要高出很多。

在 2200P 和 2250P 的价格同时上涨后，我们就需要利用转仓的操作，锁定利润，提高资金效率。

2200P 价格上涨为 71，2250P 价格上涨为 121，我们可以平掉 2250P，买入 2200P。

2250P 成本 83.2，收益 37.8，买入 2200P 价格 71，可以理解为 71=37.8（收益）+33.2（成本）。

成本从 83.2 降至 33.2，同时加上 37.8 的收益去博取更大的收益。

到期当天中午 2150P 的价格为 21.5。如果平掉 2200P，买入 2150P。2200P 价格 71，成本 37，收益 34. 可以理解为：

21.5= 收益 34 中的 21.5，本次交易提出了 37 的成本，锁定了 12.5 的收益，用剩余收益的 21.5 博取更大的收益，即使全部亏损，成本和锁定的利润也丝毫不会受到损失。

提高资金效率：

到期当天中午 2150P 的价格为 21.5，2200P 的价格为 71。如果平掉 2200P 的资金全部买入 2150P。2200P 只可以持有 1 手的资金，买入 2150P 可以持有 3 手。相当于在交易资金不变的情况下，原有持仓手数扩大了 3 倍，如果市场继续按照预期的方向发展，收益也同时扩大了 3 倍。

6.8 各种策略组合的实战应用

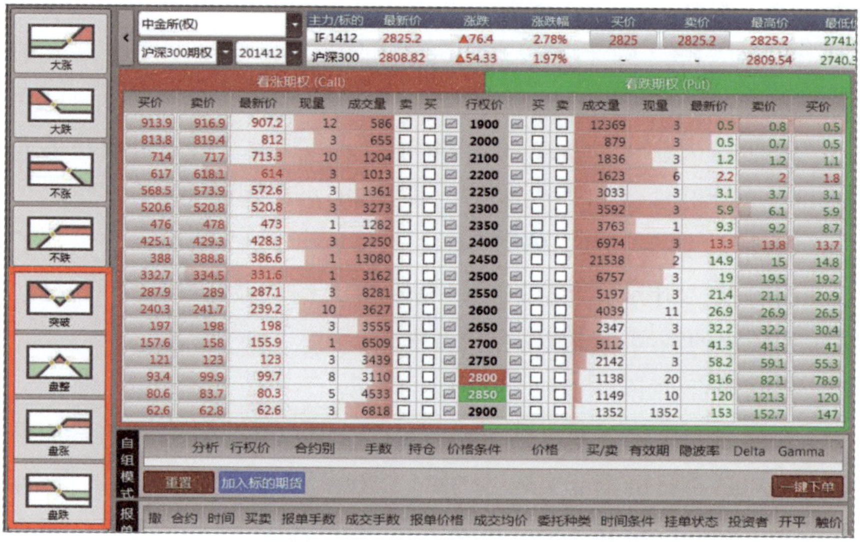

图 6-81 组合策略软件中的操作

我们看到，期权的组合策略也是简单易于操作的，组合策略可以起到降低成本，减小亏损空间，获取无风险利润的机会。

6.8.1 价差策略无风险利润交易机会

Call 的部分：

牛市价差策略：买入一个低价位行权价的 Call，卖出高价位行权价的 Call。当由于时间价值的偏差，低价位行权价 Call 的价格＜高价位行权价 Call 时，就有了无风险获利的机会。如图 6-82 所示。

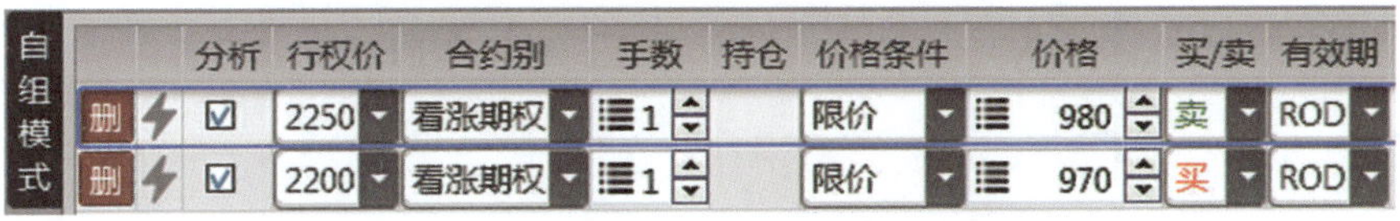
自组模式
分析 行权价 合约别 手数 持仓 价格条件 价格 买/卖 有效期
删 2250 看涨期权 1 限价 980 卖 ROD
删 2200 看涨期权 1 限价 970 买 ROD

图 6–82　牛市价差 Call 部分的交易实例

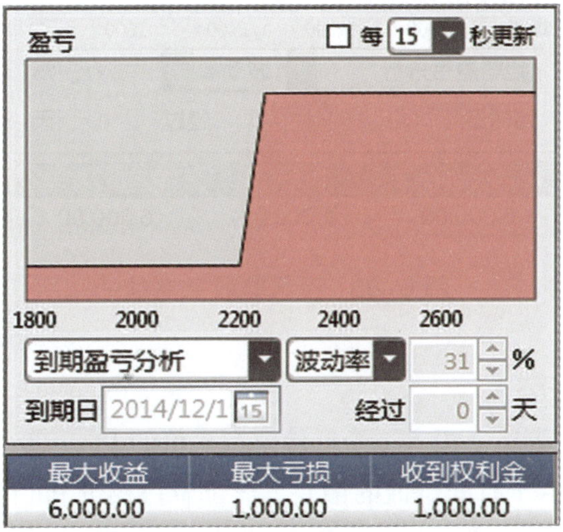

图 6–83　无风险收益曲线

熊市价差策略：买入一个高价位行权价的 Call，卖出低价位行权价的 Call。当由于时间价值的偏差，低价位行权价 Call 的价格和高价位行权价 Call 的价格的差，大于两者行权价的差时，就有了无风险获利的机会。如图 6–84 所示。

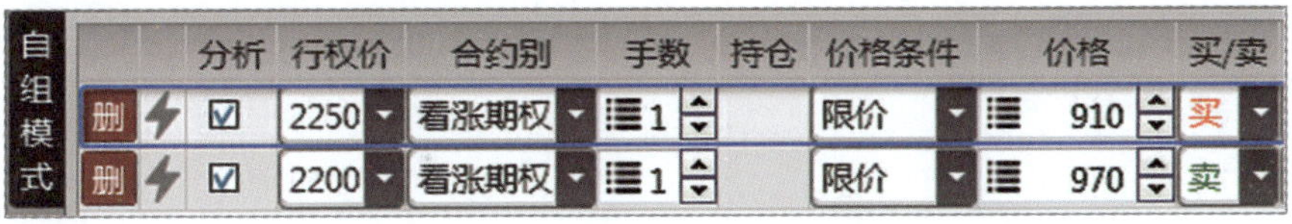
自组模式
分析 行权价 合约别 手数 持仓 价格条件 价格 买/卖
删 2250 看涨期权 1 限价 910 买
删 2200 看涨期权 1 限价 970 卖

图 6–84　熊市价差 Call 部分的交易实例

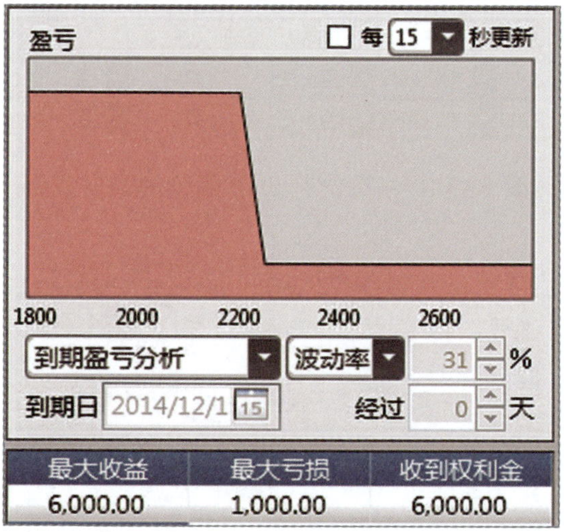

图 6–85　无风险收益曲线

Put 的部分：

牛市价差策略：买入一个低价位行权价的 Put，卖出高价位行权价的 Put。当由于时间价值的偏差，低价位行权价 Put 的价格和高价位行权价 Put 的价格的差，大于两者行权价的差时，就有了无风险获利的机会。如图 6–86 所示。

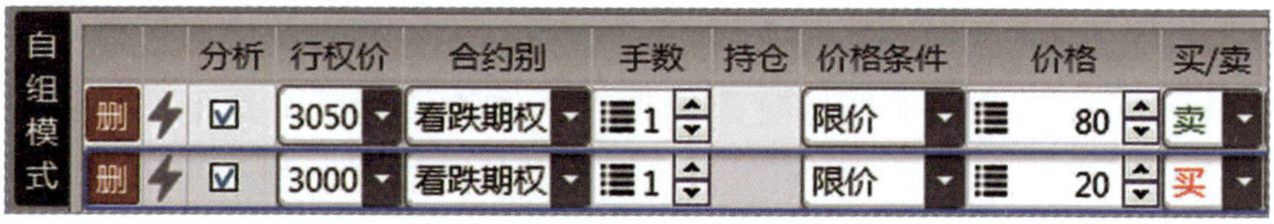

图 6–86　牛市价差 Put 部分的交易实例

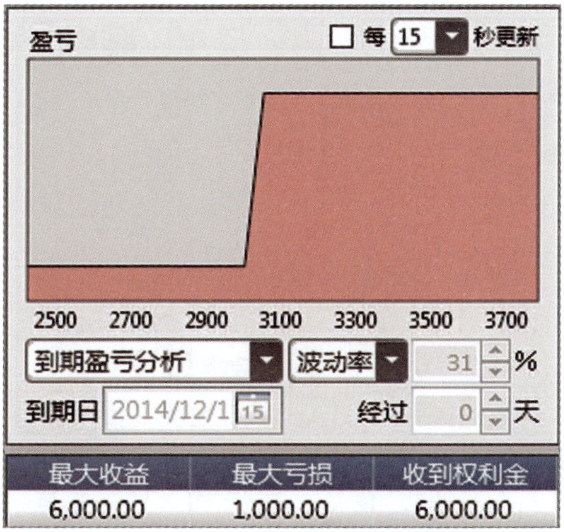

图 6–87 无风险收益曲线

熊市价差策略：买入一个高价位行权价的 Put，卖出低价位行权价的 Put。当由于时间价值的偏差，低价位行权价 Put 的价格 > 高价位行权价 Put 时，就有了无风险获利的机会。如图 6–88 所示。

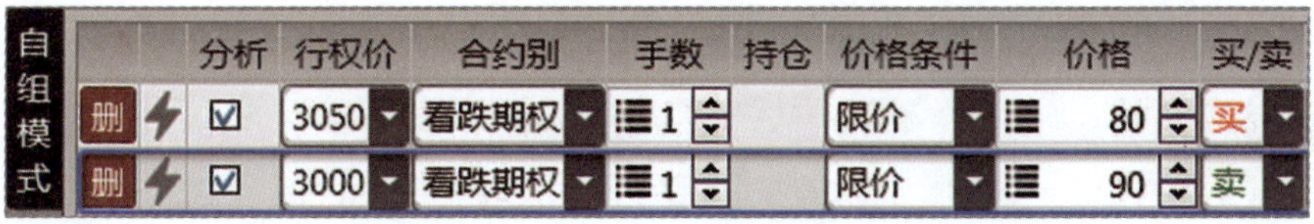

图 6–88 熊市价差 Put 部分的交易实例

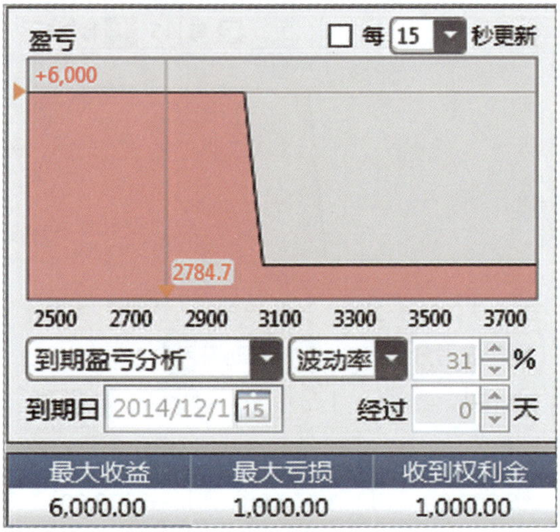

图 6–89　无风险收益曲线

6.8.2　价差策略组合的适用

由于时间价值的影响，盈亏平衡点是制约价差组合是否适用当前行情的关键因素。如图 6–90 所示。

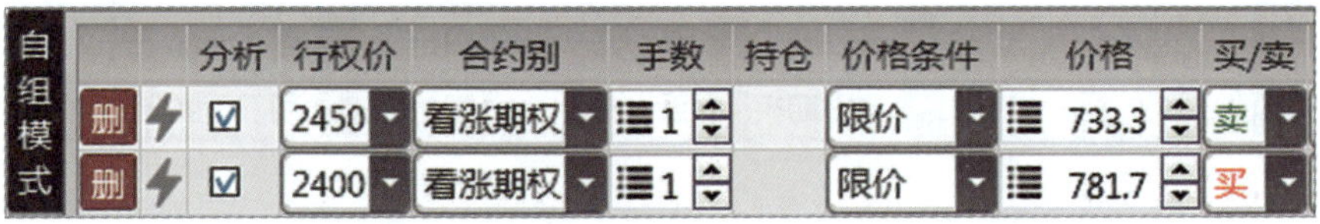

图 6–90　深度实值期权牛市价差策略交易实例

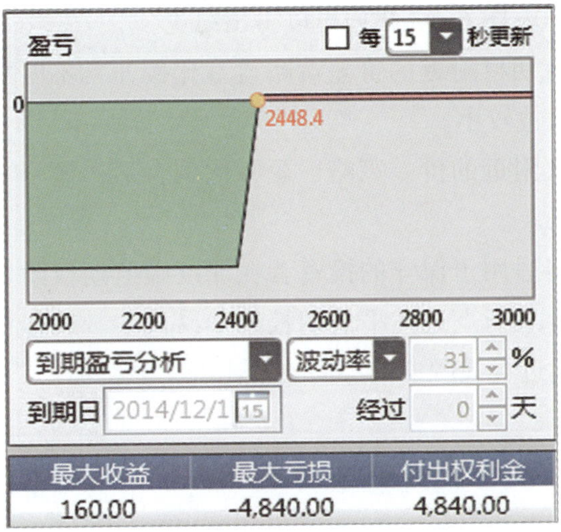

图 6-91　深度实值期权牛市价差策略收益曲线

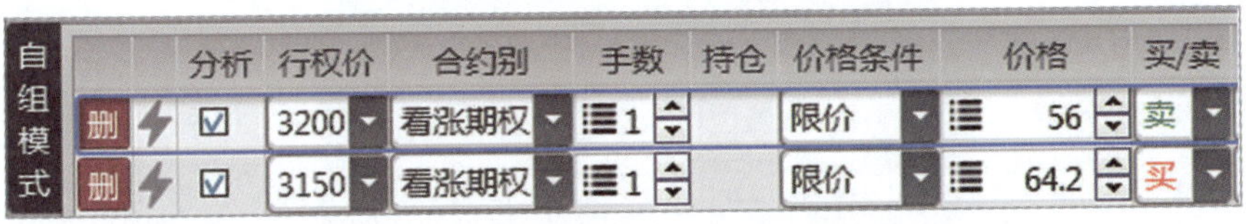

图 6-92　平值期权附近牛市价差策略交易实例

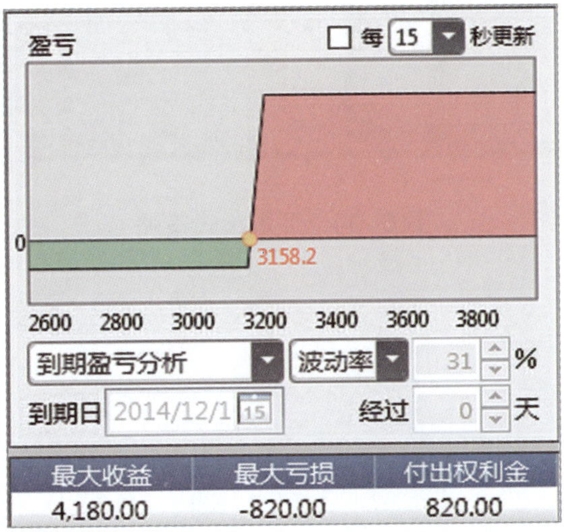

图 6-93　平值期权附近牛市价差策略收益曲线

由图 6–90~ 图 6–93 我们可以得出结论 ：

深度虚值期权附近的价差策略盈亏比例非常不匹配，但是盈利概率较大，收益较小。

平值期权附近的价差策略，盈亏比例合适，盈亏平衡点接近平值期权。

价差策略适用于保守的投资者在深度虚值期权附近寻找相对回报较高，盈亏平衡点远离平值期权的交易机会。适合积极的投资者在平值期权附近寻找顺应趋势高盈亏比的交易机会。

6.8.3 跨式策略组合的适用

买入跨式策略和买入宽跨式策略 ：

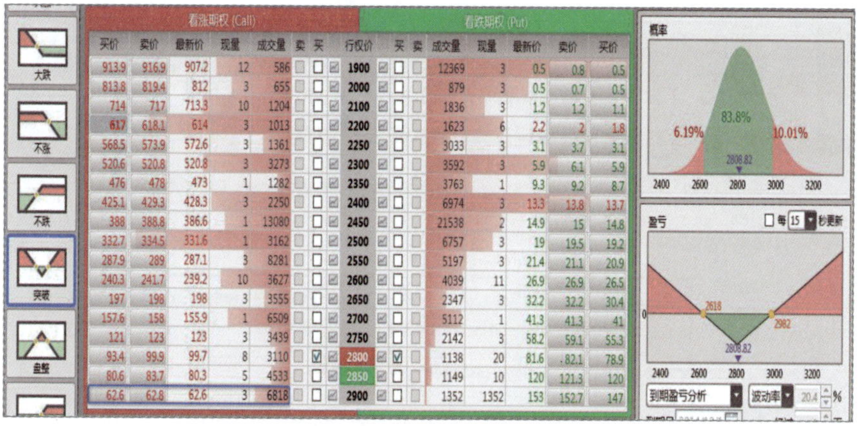

图 6–94 买入跨式策略

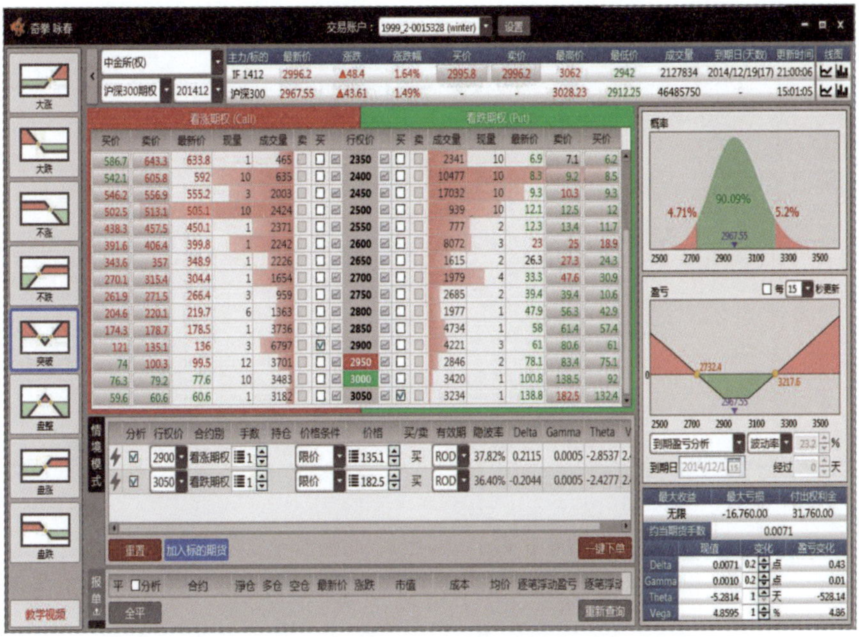

图 6-95　买入宽跨式策略

由图 6-94、图 6-95，我们可以发现由于距离到期日时间周期较长，时间价值还处于高价值水平，使得买入跨式策略和买入宽跨式策略的盈亏平衡点距离标的资产价格非常远，从概率上看很难盈利。即使行情有所突破，结算价超过了盈亏平衡点，如果超过的不多，也不会有太多盈利，收益与时间价值成本不成比例。因此我们得出适用此策略和不适用此策略的两种情况。

不适用于：一是标的资产处于低价低点位时期，日内波动幅度较小，不适用此策略。二是标的资产处于横盘震荡周期，波动幅度较小，不适用此策略。

适用于：一是标的资产处于高价高点位时期，日内波动幅度大，适用此策略。二是标的资产，处于单边走势周期，适用此策略。三是期权临近到期日，时间价值影响减弱，适用此策略。

卖出跨式策略和卖出宽跨式策略：

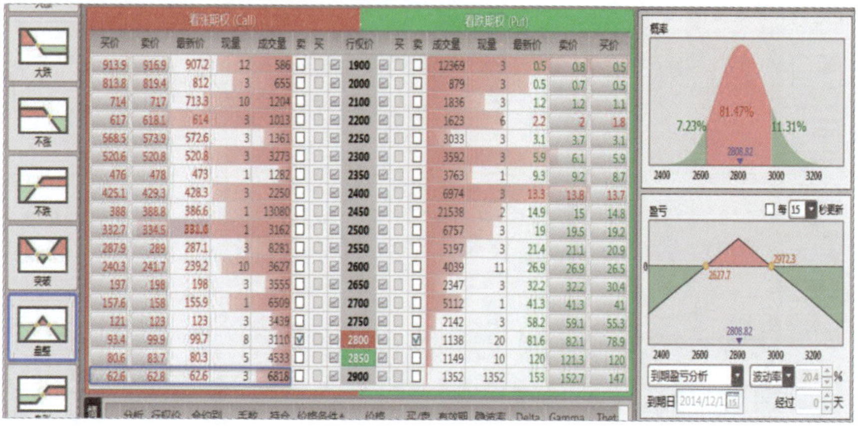

图 6-96　卖出跨式策略

如图 6-96 所示，卖出跨式策略，从开仓那一刻起，标的资产的价格就开始偏离利润最大话的点位，不确定波动。实现利润最大化收益的概率较小。

只适用于标的资产处于低点位，处于小幅震荡周期的情况。

不适用于标的资产处于高价格高点位，波动幅度较大的情况。

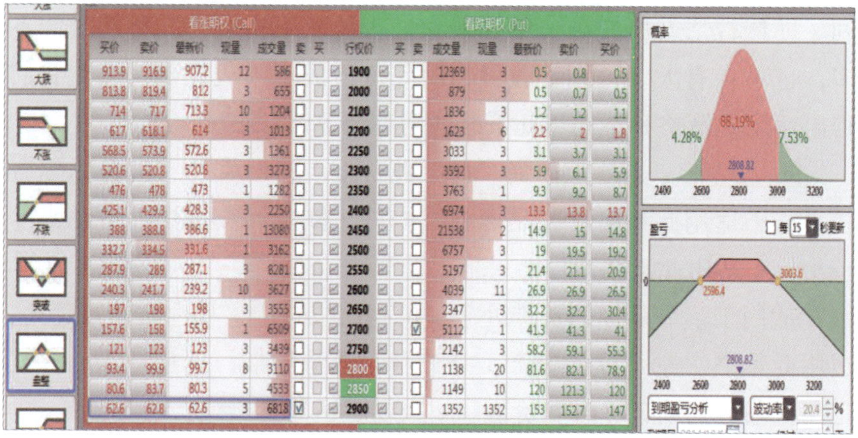

图 6-97　卖出宽跨式策略

如图 6–97 所示，宽跨式策略，盈亏平衡点的范围要远大于跨式策略，标的资产价格处于利润最大化区间概率较大。

宽幅、小幅震荡行情都适用，小幅震荡行情更适合此策略的发挥。

而单边趋势行情不适合此策略的发挥。

总 结

结合以上全部交易技巧，在进行期权交易时，我们所追求的交易应是综合风险最小，资金效率更高，利润空间更大，顺应市场趋势的交易。我们总是要先评估当前市场的情况，去选择适应当前行情结构的最优策略组合。

第 7 章

Option 个股期权不同之处的交易方法

个股期权与股指期权最大的不同就是，股指期权是以现金交割结算，个股期权是以股票交割结算。就期权的交易思想和交易策略来说，个股期权与股指期权交易方式大同小异，但也会有略微的区别，这一章主要通过实例讲解个股期权的交易技巧。

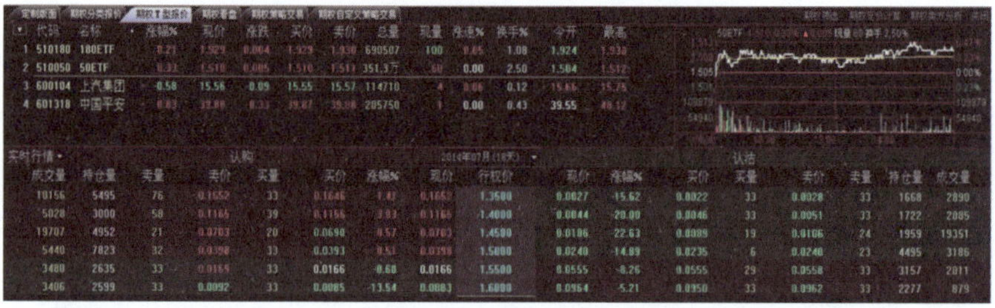

图 7–1　个股期权交易界面

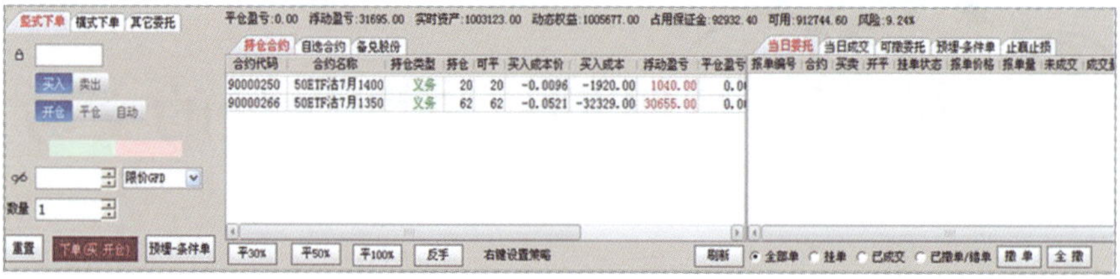

图 7–2　个股期权持仓界面

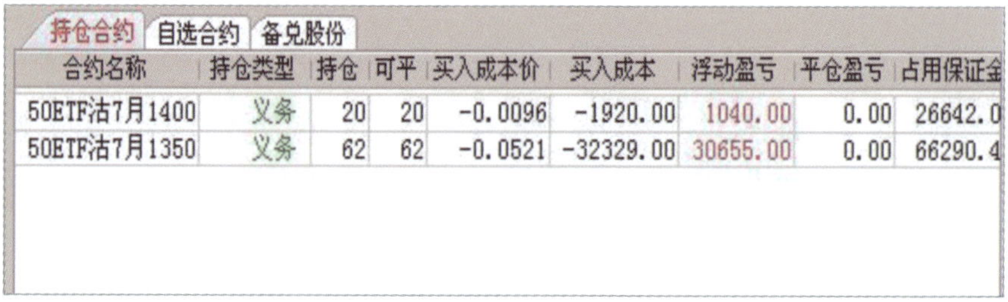

合约名称	持仓类型	持仓	可平	买入成本价	买入成本	浮动盈亏	平仓盈亏	占用保证金
50ETF沽7月1400	义务	20	20	-0.0096	-1920.00	1040.00	0.00	26642.0
50ETF沽7月1350	义务	62	62	-0.0521	-32329.00	30655.00	0.00	66290.4

图 7–3　个股期权收取权利金获利案例

持仓合约 | 自选合约 | 备兑股份

仓	可平	买入成本价	买入成本	浮动盈亏	平仓盈亏	占用保证金	备兑数量	合约市值	证
20	20	-0.0096	-1920.00	1040.00	0.00	26642.00	0	880.00	
62	62	-0.0521	-32329.00	30655.00	0.00	66290.40	0	1674.00	

图 7-4　个股期权收取权利金获利案例

图 7-1~ 图 7-4，是利用本书前面所介绍期权交易技巧赚取个股期权固定收益的方法。

类似股指期权将期权当做期货来用寻找高杠杆交易机会的特征，个股期权也可以当做高杠杆的融资融券操作来用。同时作为买方风险有限，只需要注意持仓比例控制风险。

持仓合约 | 自选合约 | 备兑股份

合约代码	合约名称	持仓类型	持仓	可平	买入成本价	买入成本	浮动盈亏	平仓盈亏	占用保证金	备兑数量
90000172	50ETF沽6月1300	义务	100	100	-0.0021	-2075.00	1075.00	0.00	100980.00	
90000035	50ETF购6月1650	义务	28	28	-0.0000	-5.00	-107.00	0.00	32340.00	
90000180	180ETF沽6月1700	义务	71	71	-0.0006	-426.00	-994.00	0.00	94501.00	
90000037	50ETF沽6月1500	权利	1	1	0.0204	204.00	-2.00	0.00	0.00	

图 7-5　个股期权高杠杆效应，类似融资融券交易案例

以 0.0204 的价格买入 50ETF1500 行权价的 Put。

当日委托 | 当日成交 | 可撤委托 | 预埋-条件单 | 止赢止损

成交编号	合约	买卖	开平	成交价格	成交量	成交金额	成交时间	报单编号	成交类型
10877	90000037	卖	平仓	0.0306	1	306.00	10:10:41	1030013217	普通成交

图 7-6　以 0.0306 的价格卖出平仓，交易周期为半天

如图 7-6，半天的时间，个股期权的收益率为 50%。这种交易思路与前文所介绍的在临近期权到期日，寻找时间价值较小，高杠杆低风险的交易机会的方法一致。

7.1 降低买入股票的成本

个股期权交易与股指期权交易最大的不同是，通过卖出 Put（认沽期权）赚取时间价值来降低个股买入持仓成本。例如：

50ETF 个股期权，1.5000 的 Put（认沽期权）价格为 0.0200，当到期结算价为 1.490 时，我们卖出的 Put 将面临行权，以合约价 1.500 买入 50ETF。当时的 50ETF 价格为 1.490，表面上我们的买入持仓价为 1.500。实际上，扣除我们赚得的 0.02 的时间价值，我们实际的买入持仓成本为 1.480。

7.2 裸卖空 Call（认购期权）是个股期权面临的最大风险

个股期权与股指期权不同，由于要交割个股，所以裸卖空的风险远远大于股指期权卖出 Call 的风险。当卖出的 Call 面临被行权时，我们需要到市场上买入个股应对交割，如果个股出现涨停，甚至没有成交量时，裸卖空的风险便被无限的放大，我们在市场上买不到个股来应对交割。

这一点是交易个股期权必须要重视的风险。

Option

第 8 章

期权交易的三种境界

在谈期权交易的三种境界前，我们需要做好两种准备：期权交易前的定位和期权的获利方法。只有做好了这两种准备，我们才能在期权交易的境界中一层一层不断深入。

8.1 交易前的定位

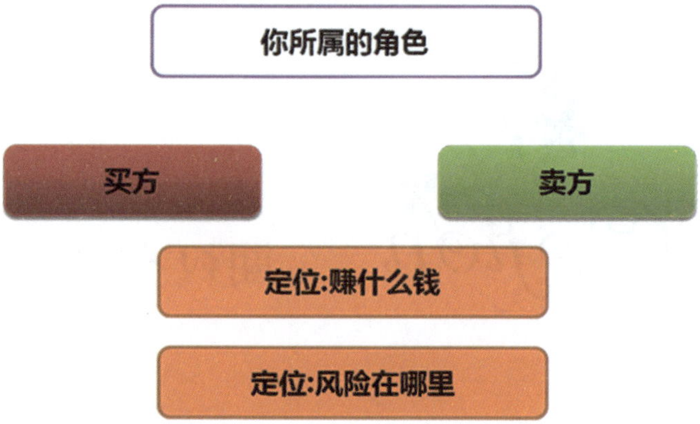

图 8–1 期权交易前的定位

期权有四个方向，在交易之前你需要给自己这笔交易有个明确的定位。做期权的买方，相当于“保险”的购买者，追求利润的同时希望获得保护。做期权的卖方，相当于扮演“保险公司”的角色，希望期权最终不被行权，赚取全部的权利金。通过计算赔付的概率来获得权利金的利润。

这样的定位，决定你选择赚取什么样的利润，同时也确定了你的风险在哪里。收益和风险是我们做投资决策前必须的考虑因素。

8.2 期权的获利方法

1. 什么行情结构
2. 什么策略方法
3. 获得什么收益
4. 评估风险结构

交易期权之前，我们必须做到以上四点，才能保护你的资产，在期权的交易中获得稳定的利润。当你坐在电脑前打开期权交易软件，看着市场的不断变化，在下单之前，你必须要先考虑目前的市场是一个什么样的行情结构，这样的行情结构最适合使用什么样的策略组合；同样的行情结构不同的策略组合都能获得什么样的收益，最后在下单前一定要评估所决定策略的风险结构。

知道自己的风险在哪里，比知道利润在哪里更加重要。

8.3 期权交易的三种境界

8.3.1 期权交易第一层境界

图 8–2 只交易期权

第一层境界，包含了本书之前所有的内容，这里只交易期权，没有期货现货的结合。

期权的单向操作：

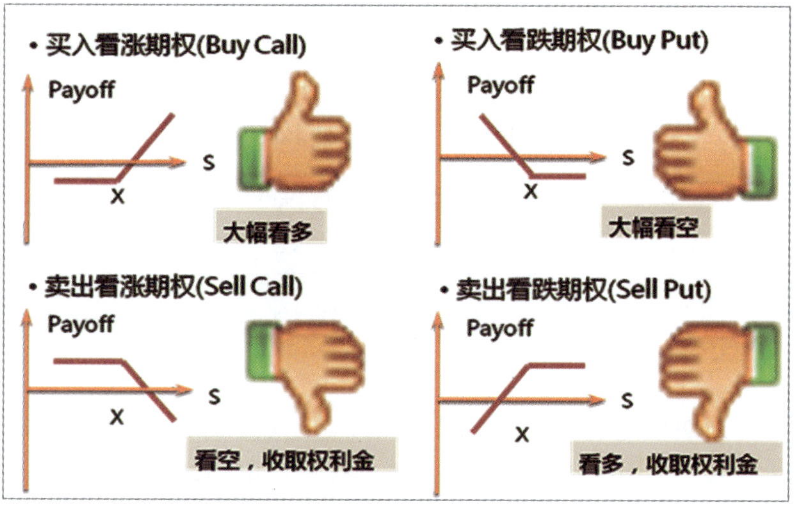

图 8–3 期权单向操作手势

期权的组合策略：

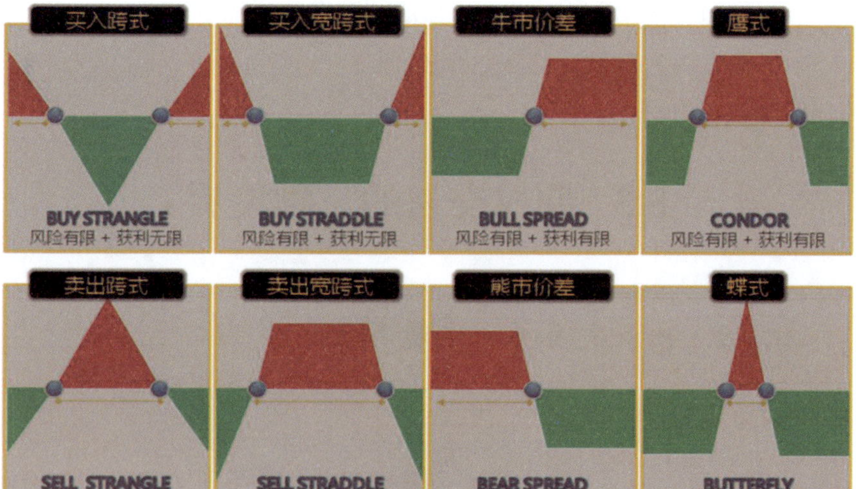

图 8–4 期权组合策略的交易

这些都只是在期权层面的交易。第一层境界并不复杂。

8.3.2 期权交易第二层境界

图 8–5　期权与期货

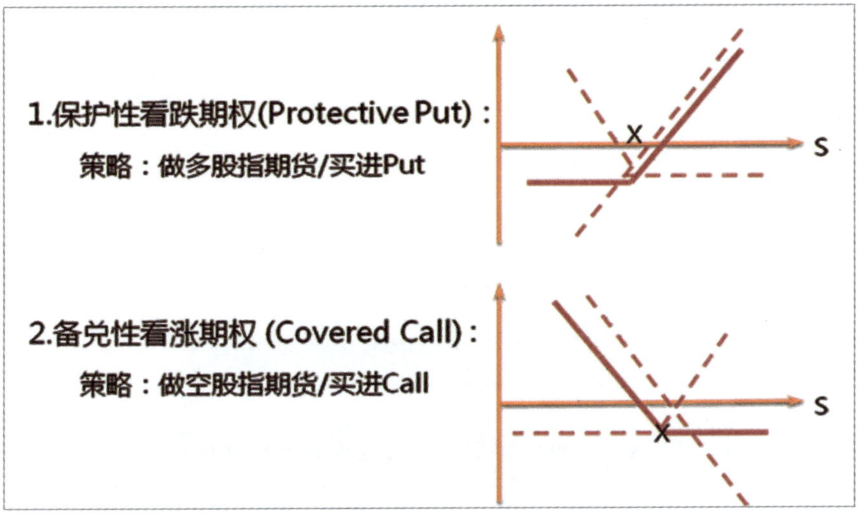

图 8–6　期货 + 期权的保护性策略

期货 + 期权的保护性策略，以及期权、期货相结合的套利策略，只是期权和期货最简单的应用。

持有期货，通过不同行权价、不同方向的期权调节期货仓位收益曲线斜率、收益曲线的线性，控制期货仓位风险敞口的变化。

持有期权，通过不同价位，不同手数，不同方向的期货持仓调节期权收益曲线，控制期权风险敞口的变化。

这些灵活多变的交易方式，才是期权第二层交易境界的关键内容。

8.3.3 期权交易第三层境界

通过现货+期货+期权建立的全市场对冲交易体系

图 8-7　期权、期货、现货整体的投资交易

持有不同品种、价位的股票，加上不同合约、不同点位、不同方向的期货，再加上不同合约、不同行权价、不同方向、不同手数的期权。这些结合在一起就构成了庞大多变的交易体系。这样的持仓方式，如果没有模型的帮助，可能你甚至不知道自己持有的仓位到底是做多、还是做空。

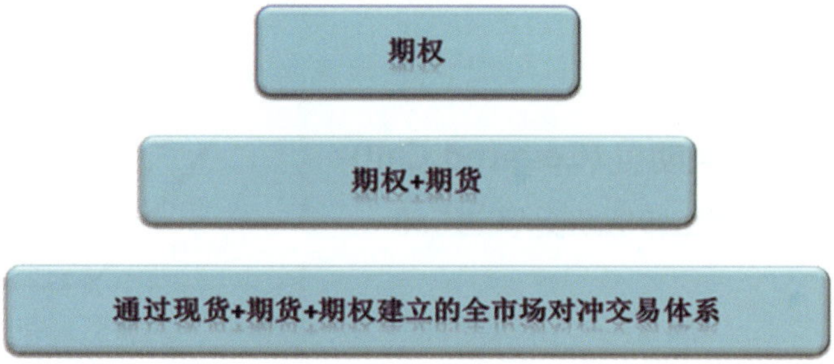

图 8-8　期权三层境界

以上就是期权交易的三种境界，通过本书你学会的期权基本交易，事实上在期权到来的时代，我们还只是看到了冰山的一角。

笔者注

读到这里，感谢你对本书的支持，希望本书的内容能对你了解期权有所帮助。下一本书，将主要讲解期权 + 期货、期权 + 期货 + 现货的组合应用，为你打开期权交易第二层和第三层境界的广阔世界。

第 9 章

期权交易的一些思考

如果我们能找到稳定获利的方法，对市场判断偏于准确的模型，在每个期权当月合约到期前 5~7 个交易日进行交易，或不断寻找市场中无风险的套利机会，将目标定为每个月 1%~2%，那么我们一年 20% 左右的收益目标将很容易实现。

过去我们很关注机构的持仓，不论是股票还是期货，我们希望通过观察主力机构持仓的数量去探知未来市场的方向。但是期权出现之后，这些机构持仓数据将不再有参考意义，庞大的持仓可能只是用于期权的对冲套利，市场无论怎样波动，这些仓位盈利亏损都不会受到影响。

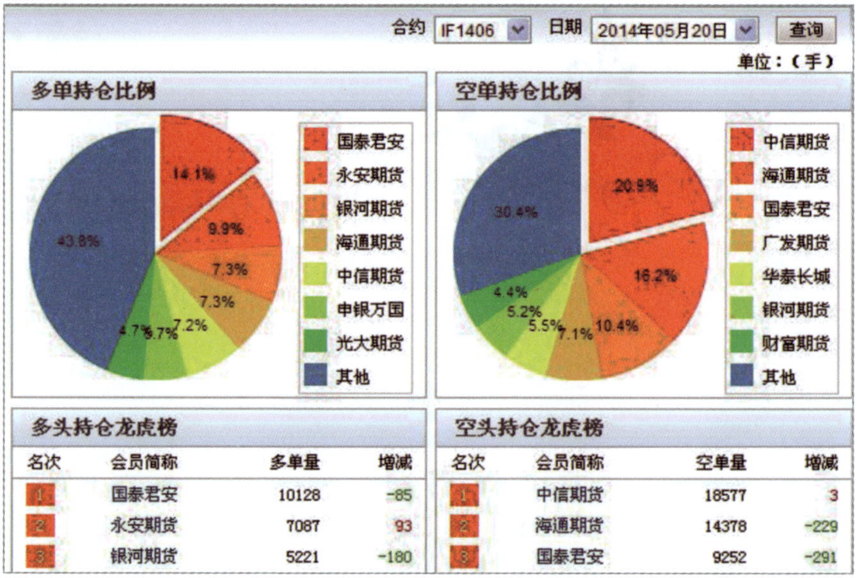

图 9-1 机构持仓量

如图 9-1 中所显示出来的大量的仓位，在未来期权的时代，可能只是对冲的仓位。

市场不会一直都好，也不会一直不好，但我相信期权的出现会给普通的投资者带来更多的机会。

不论经济好或不好，市场低迷或高涨，不用怕，我们有期权。它能帮助我们渡过市场低迷的黑夜！

第 10 章

期权系数详解

10.1 Delta 系数（Δ）

期权价格变化与标的物价格变化的比例，Delta 风险是指因标的物价格变化而产生的风险。

$$\text{Delta}(\Delta)=\Delta c/\Delta s$$

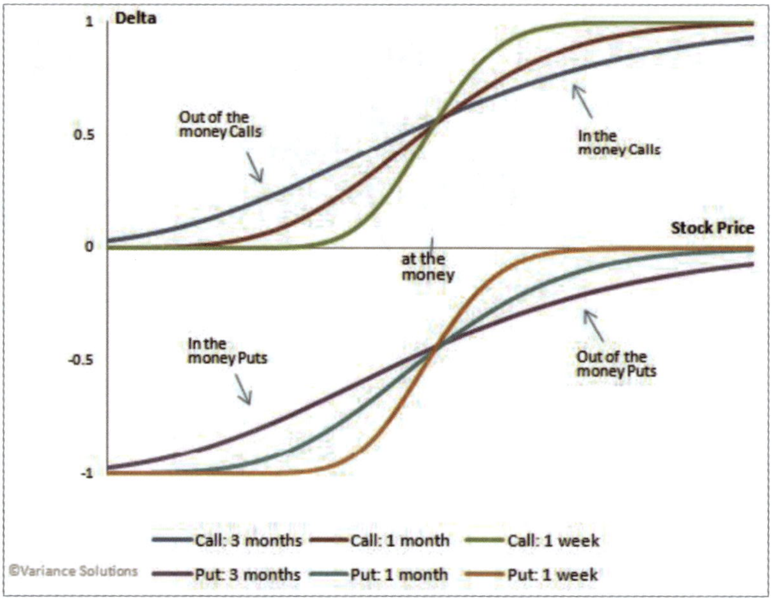

图 10-1　Delta 值变化曲线

标的资产的价格变化 1 个点，期权的价格并不会也相应地变化一个点。Delta 系数决定了期权价格变化与标的资产变化的比例关系。

Buy Call（买入看涨期权、买入认购期权）：Delta 值为正，表示看涨期权价格和标的资产价格同方向变动。

Buy Put（买入看跌期权、买入认沽期权）：Delta 值为负，表示看跌期权价格同标的资产价格反方向变动。

Sell Call（卖出看涨期权、卖出认购期权）：Delta 值为负。

Sell Put（卖出看跌期权、卖出认沽期权）：Delta 值为正。

当我们认为市场未来将会上涨时，可选择 BuyCall（买入看涨期权、买入认购期权），也可以选择 SellPut（卖出看跌期权、卖出认沽期权），二者 Delta 值都为正，当标的资产价格上涨时，所持有的期权仓位都会产生收益。

实值期权：Delta 绝对值较大；

深度实值期权：绝对值趋向于 1，价格受标的资产影响越大；

平值期权：Delta 绝对值接近 0.5；

虚值期权：Delta 绝对值较小；

深度虚值期权：绝对值趋向于 0，价格受标的资产影响越小；

越接近到期日：Delta 值变化越大。

例如，投资者买入一手 Call（看涨期权），Delta 值为 0.5，表示标的资产在一定价格变化区间内，标的资产价格上涨 1 点，期权价格上涨 0.5 点。投资虽然判断正确，但其获利幅度却小于标的资产价格变化幅度。

Delta 值代表的含义：

1. 期权价格受标的资产变化影响的大小；
2. 期权到期时行权的概率；
3. 对冲期权持仓风险所需的标的资产数量。

10.2 Gamma 系数（γ）

Delta 系数会随着标的物价格变动而改变，而 Gamma 系数即衡量 Delta 对标的物价格变动的敏感度。也就是说，Gamma 系数越大，代表 Delta 系数随着标的物价格波动的幅度越大。

$$\text{Gamma}(\gamma) = \Delta \text{Delta} / \Delta s$$

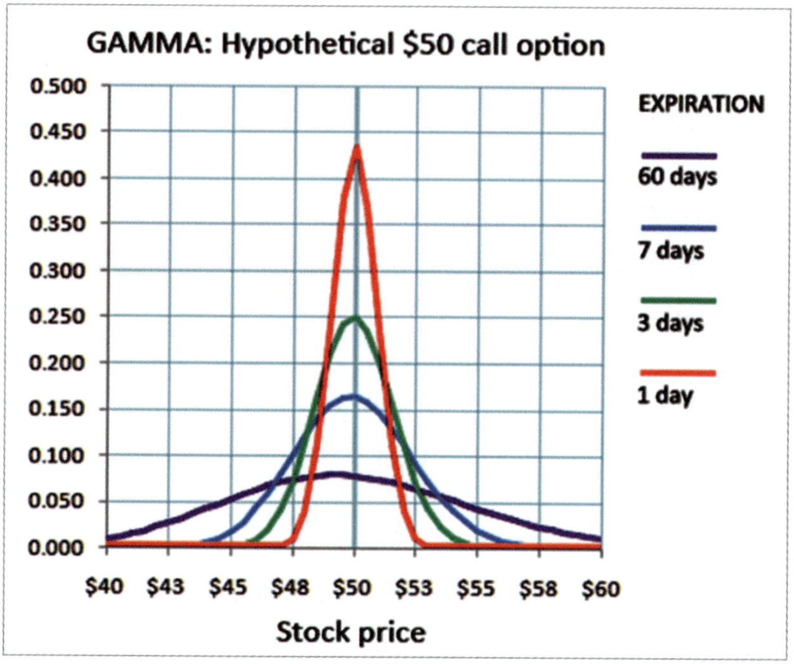

图 10-2 Gamma 值变化曲线

Gamma 值相等且为正：

Buy Call（买入看涨期权、买入认购期权）；

Buy Put（买入看跌期权、买入认沽期权）。

Gamma 值相等且为负：

Sell Call（卖出看涨期权、卖出认购期权）；

Sell Put（卖出看跌期权、卖出认沽期权）。

平值期权：Gamma 值最大。

到期日越短：Gamma 值越大。

10.3 Theta 系数（θ）

Theta 系数是衡量期权价格对时间变化的敏感度，Theta 风险就是代表因时间衰退（Time Decay），所可能带来的风险。

$$\text{Theta}(\theta)=\Delta c/\Delta t$$

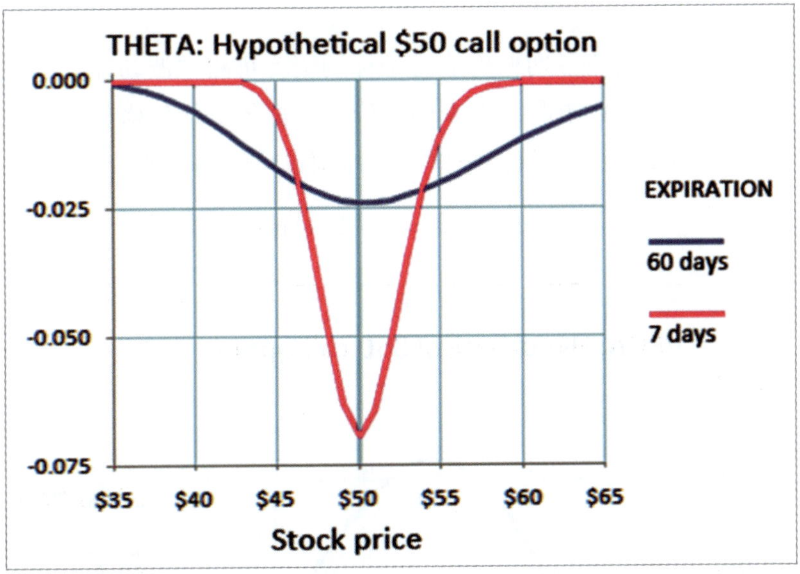

图 10-3　Theta 值变化曲线

Theta 系数代表着期权的买方，每个时间单位所支付的时间价值成本。

Theta 值为负：

Buy Call（买入看涨期权、买入认购期权）；

Buy Put（买入看跌期权、买入认沽期权）。

Theta 值为正：

Sell Call（卖出看涨期权、卖出认购期权）；

Sell Put（卖出看跌期权、卖出认沽期权）。
平值期权：Theta 绝对值最大。
深度实值期权：Theta 值趋向于 0。
深度虚值期权：Theta 值趋向于 0。
Theta 值的大小：受行权概率影响。

10.4 Vega 系数（ν）

Vega 系数是衡量期权价值对于标的资产价格“波动性”改变的敏感度。Vega 系数越高，代表期权价值受标的资产价格波动性的影响越大。Vega 反映投资者期权持仓所面临的波动率风险。

$$\text{Vega}(\nu) = \Delta c / \Delta \text{volatility}$$

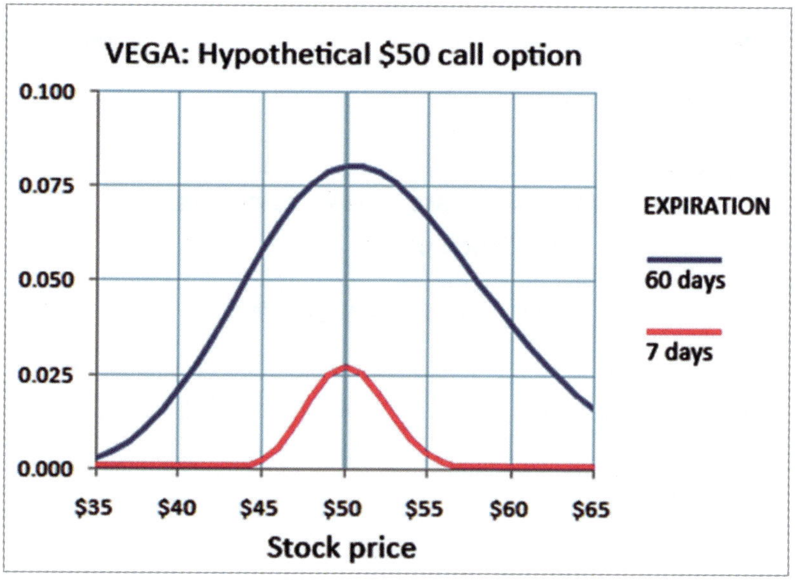

图 10-4 Vega 值变化曲线

Vega值为正——期权价值与波动率同向波动：

Buy Call（买入看涨期权、买入认购期权）；

Buy Put（买入看跌期权、买入认沽期权）；

Vega值为负——期权价值与波动率反向波动：

Sell Call（卖出看涨期权、卖出认购期权）；

Sell Put（卖出看跌期权、卖出认沽期权）。

平值期权：Vega值相对最大。

深度虚值期权：Vega值趋向于0。

Vega值：受行权概率影响。

10.5 波动率（Volatility）

波动率是一项衡量目标物市场波动速度的指针，当目标物价格快速上下波动时，波动率将呈现上升的情况，而当市场进入盘整期时，波动率则会下降。

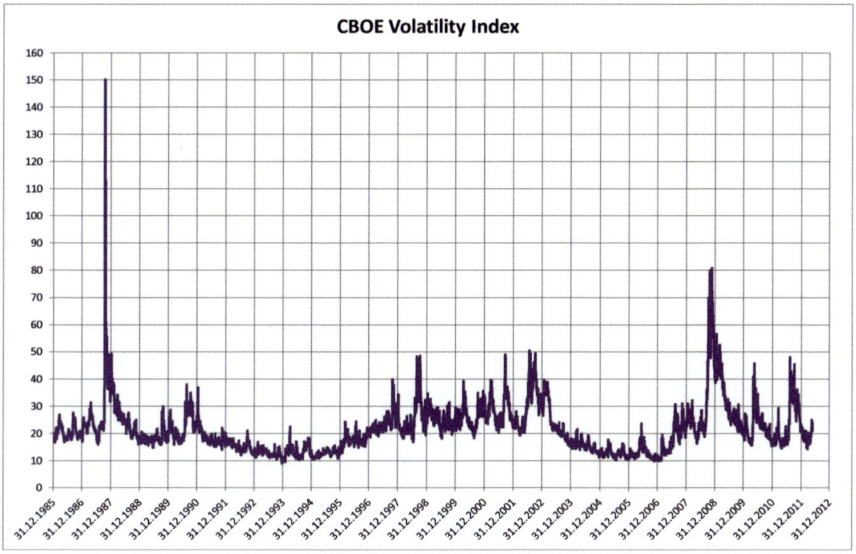

图10-5 美国历史上VIX

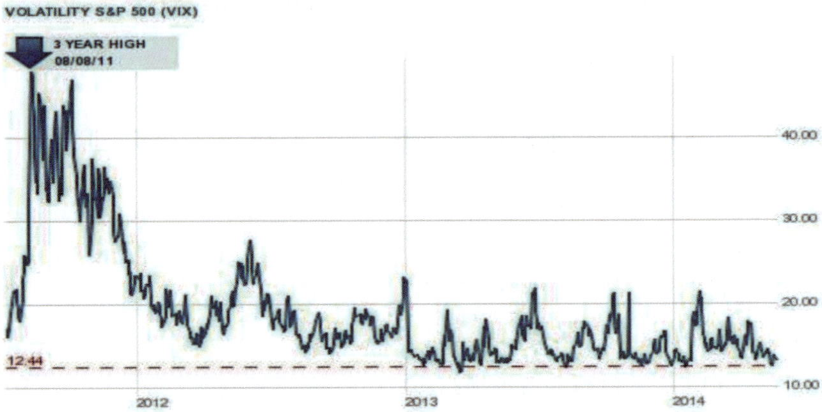

图 10-6 美国 VIX 指数近几年走势

附录

期权词汇中英文对照

A

American option 美式期权

Arbitrage opportunity 套利机会

Arbitrage 套利，套汇

At-the-money 平值期权，价平

B

Back wardation 现货溢价

Basis order 基差订单

Basis risk 基差风险

Bear covering 空头头寸

Bear 空头

Box Arbitrage 盒式套利

Break Even Point 盈亏平衡点，简称 BEP

Bull 多头

Butterfly spread 蝶式价差

Buy Call 买入看涨期权

Buy Put 买入看跌期权

C

Calendar Spread 日期套利，日历套利，时间套利

Call 看涨期权，认购期权，买权

Clearing house 清算所

Close out 平仓，结清（账）

Closing order 收盘价委托
Commodity futures 商品期货
Condor spread 鹰式价差
Contract size 合约规模，合约容量
Contractual value 合同价格
Conversion Arbitrage 转换套利
Cross hedge 交叉对冲
Currency futures contract 外汇期货合约
Currency futures 外汇期货

D

Daily limit 每日涨跌停板
Date of delivery 交割期
Diagonal spread 对角价差，对角式跨价，斜线跨价
Distant futures 远期期货
Double option 双向期权
Downside 下降趋势

E

European option 欧式期权
Exchange position 外汇头寸
Exercise Price 行权价格，又称履约价格，执行价格或敲定价格
Expiration Date 到期日
Extrinsic value 外在价值

F

Financial forward contract 金融远期合约
Financial futures contract 金融期货合约
Financial futures 金融期货
Foreign currency futures 外汇期货

Forward swap 远期掉期

Futures contract 期货合约

Futures delivery 期货交割

Futures margin 期货保证金

Futures market 期货市场

Futures price 期货价格

Futures transaction 期货交易

FX futures contract 外汇期货合约

H

Hedging mechanism 规避机制

Horizontal Spread 水平价差，水平套利，横向套利，跨月份套利

I

Implied Volatility 隐含波动率，内涵波动率

Initial margin 初始保证金

Interest rate futures contract 利率期货合约

In-the-money 实值期权，价内

Intrinsic value 内涵价值

J

Jelly Rolls 果冻卷价差套利

L

Long Position 多头头寸

Long straddle 买进跨式

Long strangle 买进宽跨式

Long 多头

M

Maintenance margin 持仓保证金

Margin call 追加保证金的通知

Margin money 预收保证金，开设信用证保证金

Margin 保证金

Market expectation 市场预期

Market order 市价委托

Market 做市商

Mature liquid contracts 到期合约

N

Nearby futures 近期期货

O

Open market 公开市场

Opening order 开盘价委托

Option buyer 期权的买方

Option purchase price 期权买入价

Option seller 期权的卖方

Option 期权，选择权，买卖权

Out-of-the-money 虚值期权，价外

Over-the-counter 场外的，不通过交易所的

P

Point of delivery 交割地点

Position 头寸，交易部位，部位

Predetermined 预先约定的

Premium 权利金

Put 看跌期权，认沽期权，卖权

R

Ratio call spread 看涨期权比率价差

Ratio put spread 看跌期权比率价差

Ratio Spread 比率价差

Reverse Horizontal Spread 反向时间套利

Reversion Arbitrage 反转换套利

Risk transformation 风险转移

S

Sell Call 卖出看涨期权

Sell Put 卖出看跌期权

Settlement price 结算价

Settlement 结算，交割

Shifting risk 转嫁风险，转移风险

Short hedging 空头对冲

Short position 空头头寸

Short purchase 买空，空头补进

Short seller 卖空者

Short straddle 卖出跨式

Short strangle 卖出宽跨式

Short-seller 空头

Speculation 投机

Stock index futures contract 股票指数期货合约

Stock index futures 股票指数期货

Stock indexes 股票指数

Strike price 行权价格，又称履约价格，执行价格或敲定价格

Swap position 调期汇率头寸

Synthetic options 合成期权

T

Time order 限时委托

Time spread 时间价差

Time value 时间价值

U

Underlying securities 标的证券

V

Variation margin 盈亏保证金，变动保证金

Vertical Spread 垂直价差，垂直套利

Volatile market 不稳定的市场行情

Volatility 波动率

Z

Zero-sum game 零和竞争

交易的思考

十几年的交易生涯让我对市场的理解逐渐深刻，这里我跟大家分享我总结的三句话，一个字。希望能帮助大家遵循自然的规律，体会市场的变化，寻找交易的机会。

顺势而为

知足常乐

是为不争

让

致谢

这本书的出版，我要感谢很多朋友。陈纪任总裁管理的艾扬软件公司编写了含在本书中的“策略星－奇拳咏春”程序。此程序非常方便易于操作，在期权分析方面有全面且易用的功能。具有丰富投资经验的投资者和刚刚接触期权投资的新手都能轻松地找到适合自己的交易方法。如果你有软件方面的需求，他们的联系方式是：www.algostars.com。

在本书的写作过程中，很多交易数据需要通过软件平台获取，在这方面李惇鸣先生和何洺世女士给了我很多的支持。在数据的处理上，中国国际期货公司原交易三部、四部总经理肖文理先生给了我很多的帮助。

我的编辑顾文卓女士，在整个成书过程中展现了她的优秀的职业品质，极大的认真和负责，帮助本书顺利高效的呈现给读者。

最后，我要感谢我的夫人，感谢她长久以来对我的爱与支持。